Hans Stolp

Die Sterbestunde

Bewusstes Abschiednehmen

Hans Stolp

Die Sterbestunde

Bewusstes Abschiednehmen

Aquamarin Verlag

Deutsche Originalausgabe
1. Auflage 2013

Umschlaggestaltung Annette Wagner

ISBN 978-3-89427-624-9

Druck: C.H. Beck Nördlingen

Für

Ria Zandberg

Wie eine stille Kraft im Boden trägst du
Mit der Kraft deines Wissens die Menschen,
die dir lieb sind –
Und trägst auch mich.

Was dich motiviert, ist die Liebe zu Christus.
Sie schenkt dir Kraft, sie weist dir den Weg
Und macht dich so ergreifend geist-erfüllt.

Dein Herz ist am Leben gereift,
Es ist dadurch weise geworden – und mit Liebe erfüllt.

Danke für die stille Kraft,
Die von dir ausgeht – Danke!

Inhalt

1. So viele Fragen ... 9
2. Wenn der Schleier sich lüftet ... 17
3. Nicht nur Sterbebegleitung, sondern auch Geburtshilfe ... 29
4. Wenn der Tod ganz plötzlich einen unserer Lieben ereilt.. ... 41
5. Aufbau und Struktur des Menschen ... 53
6. Was der Sterbende an der Schwelle des Todes erlebt ... 67
7. Die Sterbearbeit ... 81
8. Die Sensibilität des Sterbenden steigt immer mehr ... 97
9. Denkanstöße für Pflegepersonal und Familienangehörige ... 109
10. Die Sterbestunde ... 121
11. Die Frage der Euthanasie ... 133

Anmerkungen ... 146

1.

So viele Fragen ...

Je größer die Liebe, desto tiefer der Kummer

Der Tod eines Menschen, den wir lieben, ist eines der tiefgreifendsten Erlebnisse, die uns in diesem Leben widerfahren können. Es bedeutet, von einem geliebten Menschen Abschied nehmen und diesen loslassen zu müssen. Was gibt es in diesem Leben Schwereres, als den schmerzhaften Verlust des Loslassens zu ertragen?

Insbesondere der Tod eines Kindes ist für die Eltern – und andere Betroffene, wie Geschwister und Großeltern – unsäglich schwer. Abschied von einem Kind nehmen zu müssen, dem all unsere Herzensliebe gilt, ist vielleicht die allerschwierigste Aufgabe, die es gibt.[1] Dabei gilt: Je stärker das Band der Liebe, das uns an den Sterbenden bindet, desto schwieriger ist es, unser geliebtes Kind auch wirklich loszulassen.[2]

So erkennen wir, dass die Kehrseite der Liebe ein immenser Schmerz sein kann – der Schmerz des Loslassens, des Abschiednehmens und des Vermissens in den Monaten und Jahren danach. *Je größer die Liebe, desto tiefer der Kummer.*

Es stirbt immer ein Teil von uns mit dem anderen mit

Wenn ein geliebter Mensch nach einer langen Krankheit stirbt, bedeutet das meist, dass wir vor dem Tod das ganze Wechselspiel der Gefühle, das der Sterbende durchlebt, mit ihm teilen und innerlich mittragen dürfen. Man denke nur an all die Gefühle von Angst, Ohnmacht und Kummer, aber auch an jene einzigartigen Momente der Hingabe und Dankbarkeit: Wir tragen und teilen diese so oft gemeinsam. Dabei wird uns klar, dass uns der Sterbende im gleichen Maße hilft, wie wir ihm helfen können. Wir tragen und begleiten einander in dieser dunklen Zeit. So stellen wir fest: *Sterbebegleitung ist ein wechselseitiger Prozess.*[3]

Gemeinsam mit unserem geliebten Freund beschreiten wir Schritt für Schritt den Weg in den Tod – einen Weg voller Windungen, mit hellen und dunklen Tagen, mit Stunden der Verzweiflung, doch manchmal auch mit Stunden, in welchen uns ein stilles, unerklärliches Licht des Friedens umhüllt. Haben wir jedoch die Schwelle unmittelbar erreicht, so ist der Moment gekommen, an dem wir den anderen loslassen müssen – weiter als bis an diese äußerste Grenze können wir nicht mitgehen.

Wir haben das Gefühl, als würden wir ein stückweit selbst mitsterben: *Ein Teil von uns stirbt mit dem anderen mit.* Und manchmal sehnt sich unser Innerstes auch danach noch so sehr nach unserem geliebten Mitmenschen, dass wir ihm bei seinen ersten Schritten auf dem Weg in das Land auf der anderen Seite intuitiv mit unserem geistigen Auge nachfolgen. Nicht wenige Hinterbliebene lösen sich in dieser ersten Zeit nach dem Verlust ein wenig von ihrem Körper und leben gleichsam im Niemandsland – zwischen Himmel und Erde. Daher mein Rat an die Trauernden: Versuchen Sie, stets regelmäßig etwas zu essen, auch wenn Ihnen der Sinn überhaupt nicht nach Essen stehen mag. Der Verzehr von Nahrungsmitteln verstärkt die Bindung an die Erde und ruft Sie wieder zurück in Ihren Körper.[4]

Selten haben wir uns so allein gefühlt

Die Tage danach, wenn unser geliebter Freund aufgebahrt ist, der Abschied vorbereitet wird und der endgültige Abschied beim Begräbnis oder bei der Einäscherung stattfindet, ziehen meist wie in Trance an uns vorüber. Erst später, wenn die Besuche und Anrufe weniger werden, finden wir zu uns selbst zurück und werden mit all diesen düsteren Gefühlen von Schmerz, Verlust und Alleinsein konfrontiert, die unaufhaltsam wie ein wilder Wirbelwind durch unser Herz stürmen und wieder weiterziehen. Es sind Gefühle, die wir überhaupt nicht unter Kontrolle haben, und wir glauben, diese mit niemandem wirklich teilen zu können. Selten haben wir uns so allein gefühlt wie während der ersten Zeit nach dem Tod eines geliebten Menschen.

Dies ist eine Zeit, in der sich viele bewusst werden, wie wahr die Worte des Dichters Vasalis sind:

»Nicht das eigentliche Abgeschnitten-Werden verursacht den großen Schmerz, sondern das Abgeschnitten-Sein.«[5]

Loslassen ist eine heilige Handlung

Für ganz lange Zeit hatten wir unsere Aufmerksamkeit auf unseren geliebten Mitmenschen konzentriert – auf das, was er durchlebt und was er auf dem Weg in den Tod benötigt hat. Doch nun schwenkt unser Blick langsam in die andere Richtung, und wir werden gezwungen, den Gefühlen, die in unserem Inneren arbeiten, ins Auge zu schauen. Vielen fällt diese Konfrontation noch schwerer, als es der Weg bis zum Tod war: Damals waren wir zumindest noch zusammen, und nun stehen wir ganz allein da. Dann beginnt das stille, aber heilige Werk des Verarbeitens – die Aufgabe, Schritt für Schritt die Empfindungen von Kummer, Entbehrung und Schmerz zuzulassen, zu erfühlen, zu durchleben und loszulassen.

Eine wahrhaft heilige Handlung: Wenn jemand letztendlich loszulassen gelernt hat, schenkt er damit dem Verstorbenen den Raum und die Freiheit, seinen eigenen Weg in die geistige Welt auf der anderen Seite des Todes zu gehen. Spürt der Verstorbene, dass wir ihn in Gedanken zurückrufen oder zurückwünschen, wird ihn das auf diesem neuen Weg behindern. In diesem Fall ist es wirklich so, dass er schwerer vorwärtskommt. Begreift der Verstorbene jedoch, dass wir ihm – trotz des Verlustschmerzes – diesen Weg gönnen, wird er dies als großes Geschenk erleben, das ihm auf seinem neuen Weg in die geistige Welt einen freudvollen Impuls gibt.

So viele Fragen...

Der Tod eines geliebten Menschen stellt uns vor viele Fragen – Fragen, die so eindringlich sind, dass wir intensiv darüber nachdenken müssen. Denken wir beispielsweise an die Frage nach der Euthanasie: »Dürfen wir das Leben unseres lieben Mitmenschen verkürzen?« Zu diesem Thema stellen sich viele Fragen, darunter auch folgende: »Entspringt die Forderung nach Euthanasie vielleicht unserer Ohnmacht, das Leiden unseres geliebten Mitmenschen noch länger mitansehen und ertragen zu müssen? Wie müssen wir reagieren, wenn unser geliebter Freund selbst um Sterbehilfe bittet?«

Doch können wir auf derlei Fragen überhaupt eine Antwort geben, wenn wir nicht einmal wissen, was der Tod denn nun eigentlich ist, und ob das Leben auf der anderen Seite des Lebens weitergeht oder nicht? Falls das Leben auf der anderen Seite weitergeht – hat die Euthanasie dann eine Auswirkung auf dieses neue Leben in der geistigen Welt?

Es drängen sich auch noch andere Fragen auf: »Welches sind eigentlich die inneren Prozesse, die ein Sterbender durchlebt? Welches sind die Fragen und Gefühle, mit denen sich der Sterbende auseinandersetzt, und über die er meist nicht sprechen kann, weil es im Grunde unmöglich ist, die richtigen Worte dafür zu finden? Wie können wir unserem lieben Freund beistehen, wenn er mit diesen Gefühlen und Prozessen konfrontiert ist?«

Als ich noch Krankenhauspfarrer war, stellte ich fest, dass Menschen sich auch folgende Fragen stellten: »Wie sollte man sich eigentlich in der Nähe eines Sterbenden verhalten? Wie kann man ihm so beistehen, dass man für den Sterbenden eine wirkliche Stütze ist und es ihm nicht noch schwerer macht, als es ohnehin schon ist?«

Wenn der Tod dann näher rückt – und ganz gewiss spätestens dann, wenn unser geliebter Mitmensch verstorben ist – tauchen wieder weitere Fragen auf: »Gibt es eigentlich ein Leben auf der anderen Seite des Todes, und falls ja – wie sieht dieses Leben möglicherweise aus? Falls es wirklich ein Leben nach dem Tod und eine geistige Welt gibt, die uns nach dem Tod erwartet: Welchen Weg wird unser geliebter Freund dann wohl gehen – in diesem neuen Land auf der anderen Seite des Todes?«

Es sind Fragen, die uns natürlich auch früher schon durch den Kopf gegangen sind, die nun jedoch ganz beklemmend wirken. Wir möchten so gern wissen, wie es unserem geliebten Freund in jener neuen Welt ergehen wird. »Was wird er dort erleben? Welche Erfahrungen wird er dort machen?« Immer wieder tauchen Fragen wie diese auf – zumindest bei denjenigen, für die es nicht selbstverständlich ist, dass der Tod das definitive Ende ist, weil es kein Leben nach dem Tod gibt. Ziemlich viele Menschen in unserer heutigen Zeit glauben dies ja.

Fragen über Fragen. Um Antworten auf diese Fragen zu finden, müssen wir zunächst einmal einen tieferen Einblick in den Sterbeprozess erlangen.

Dem Tod kann keiner entrinnen

Jeder von uns kommt früher oder später einmal mit dem Tod in Berührung, sowohl über jemanden, der uns etwas weiter entfernt ist, als auch über jemanden, der uns nahesteht. Denken Sie beispielsweise an den Tod eines Bekannten, eines Kollegen oder einer engen Freundin bzw. eines Freundes. Doch denken Sie auch an den Tod eines Familienmitgliedes oder an den Tod eines geliebten Angehörigen – eines Kindes, eines Partners, eines Bruders, einer Schwester oder eines Elternteiles. Ich habe die Erfahrung gemacht, dass alle diese Fragen erst dann auftauchen, wenn der Tod unmittelbar bevorsteht, und sie lassen sich in diesem Augenblick auch nicht mehr verdrängen. Aber genau dann haben viele erfahrungsgemäß zu ihrem großen Erschrecken keine richtige, keine überzeugende Antwort auf alle diese Fragen. Gerade die Tatsache, dass sie keine Antwort haben, macht den Abschied noch schwerer, und erst recht die Entscheidungen, die gefällt werden müssen. Daher ist es gut, die vielen Fragen, die mit unserem eigenen Lebensende und dem unserer Lieben zusammenhängen, in aller Ruhe schon einmal vorab zu überdenken. Aus diesem Grund habe ich dieses Buch geschrieben.

Ich behaupte selbstverständlich nicht, *die* Antwort schlechthin zu kennen. Ich kann nur berichten, welche Antworten und Erfahrungen ich im Laufe der Jahre gewonnen habe – in der Hoffnung, dass diese Gedanken Ihnen, liebe Leserinnen und Leser, ein wenig dabei helfen mögen, Ihre eigenen Antworten zu entdecken.

2.

Wenn der Schleier sich lüftet

An der Grenze zwischen zwei Welten

Es gibt Menschen, die beim Tod eines lieben Freundes eine besondere Erfahrung machen: Sie beginnen, etwas von dem Ausblick zu erspüren, den ihr geliebter Freund an der Schwelle des Todes erfährt. Wer sich mit all der Feinsinnigkeit seines Herzens auf das konzentriert, was im Sterbenden vor sich geht, darf unter Umständen gleichsam einen kurzen Blick über die Schulter des Sterbenden werfen und einen Hauch von dem erhaschen, was dieser sehen darf. Einfacher ausgedrückt: Er darf dank seines Einfühlungsvermögens miterleben, was der Sterbende erlebt.

Solche Erfahrungen werden dadurch möglich, dass wir durch den tiefen Schmerz und Kummer gleichsam aus unserem Alltagstrott gerissen werden. Außerdem erkennen wir, dass wir selbst das Schicksal unseres lieben Freundes in keiner Weise verändern können. Durch die zunehmende Ohnmacht, die uns überkommt, stellt sich mit der Zeit in uns eine innere Stille ein, und es wird uns möglich, andere

Realitäten wahrzunehmen, die im normalen Alltagsleben vor uns verborgen bleiben.

Um solche Erfahrungen machen zu können, müssen wir freilich für den anderen offen und empfänglich sein und dürfen nicht nur auf den eigenen Kummer und Schmerz fixiert sein. Es ist schon eine besondere Kunst, neben dem Erleben des eigenen Schmerzes und der eigenen Ohnmacht noch für das empfänglich bleiben zu können, was der Andere durchmacht und durchlebt. Doch wer das leisten kann, vermag kraft seines Einfühlungsvermögens sehr wahrscheinlich durchaus einen Hauch der stillen Kräfte zu erspüren, die aus der geistigen Welt auf den Sterbenden einwirken und ihn tragen. Sollte das jedoch nicht der Fall sein, so fühlen Sie sich bitte vor allem nicht schuldig – solche Erfahrungen werden nicht jedem zuteil. Es gibt jedoch schon erstaunlich viele Berichte über derlei Erfahrungen. Dies zeugt sowohl von der Hilfe, die es für die Sterbenden gibt, als auch davon, dass die geistige Welt wirklich existiert. Daher gebe ich in diesem Kapitel einige dieser Erfahrungen weiter.

Den meisten von uns werden wohl keine offensichtlichen Erlebnisse zuteil werden. Viele werden sich jedoch vielleicht im folgenden Erfahrungsbericht wiederfinden, der von einer älteren Dame stammt: »In vielerlei Hinsicht sind sich Geburt und Tod recht ähnlich. Sowohl bei der Geburt meines Kindes als auch beim Tod meines Mannes hatte ich das Gefühl, an der Schwelle zwischen zwei Welten zu stehen – und ich wusste mich mit beiden Welten verbunden. Diese Erfahrung kann man nur bei der Geburt und beim Tod machen. Im normalen Leben erfährt man ja nur eine einzige Wirklichkeit. Doch bei der Geburt und beim Tod wird der Himmel in gewisser Weise zur spürbaren Wirklichkeit.«

Das Sterbezimmer als Tempel

Es gibt Familienmitglieder, die in den letzten Tagen und Stunden vor dem Tod die Anwesenheit von heiligen Kräften und Wesen spüren. »In den letzten Tagen vor dem Tod meiner Frau«, so erzählte ein alter Mann, »betrat ich ihr Zimmer unwillkürlich auf Zehenspitzen. Ich merkte auch, dass ich automatisch zu flüstern begann, und das nicht nur gegenüber meiner Frau, sondern auch gegenüber den Menschen, die an ihrem Bett saßen. Als ich mich später fragte, weshalb ich das eigentlich tat, wurde mir klar, dass sich ihr Zimmer für mich wie ein Tempel, wie ein heiliger Raum anfühlte. Später wurde mir bewusst, dass in jenen Tagen Engel in ihrem Zimmer gewesen sein müssen, um ihr zu helfen und sie zu unterstützen. Wenn ich sie damals auch nicht gesehen habe, so habe ich sie dennoch sehr wohl gespürt – und diese Erfahrung ist heute noch ein Trost für mich.«

Hilfe von bereits verstorbenen Familienmitgliedern

Eine alte Dame, die schon weit über neunzig Jahre alt war, lag still da und wartete auf den Tod. Ihre Augen waren geschlossen, und sie gab tiefe, sägende Atemzüge von sich. Dazwischen lagen lange Intervalle vollkommener Stille. Schon seit einigen Stunden hatte sie nichts mehr gesagt und lag nahezu reglos im Bett. Dann schlug sie plötzlich die Augen auf, schaute mit weit aufgerissenen Augen Richtung Fußende ihres Bettes und sagte mit verwunderter Kinderstimme, – als sei sie wieder ganz das Kind von damals: »Da steht ja Mama!«

Die umstehenden Besucher denken oder sagen in derartigen Situationen manchmal: »Jetzt stimmt es also doch.« Doch jedem, der es gelernt hat, mit den kombinierten Kräften seiner Intuition und seines Einfühlungsvermögens auf das zu lauschen, was Sterbende durchleben, erschließt es sich deutlich, dass das, was diese alte Dame wahrgenommen hat, mit Sicherheit keine Halluzination, sondern eine konkrete Wahrnehmung war – jedoch eine Wahrnehmung auf der geistigen Ebene und nicht auf der Stufe der irdischen, materiellen Welt. Die Sterbende durfte ganz konkret erfahren, wie ihre Mutter kam, um sie abzuholen und auf dem letzten Schritt aus der irdischen Welt in das Leben auf der anderen Seite des Todes zu begleiten.

Elisabeth Kübler-Ross – die uns in der heutigen Zeit erstmals auf derartige Erlebnisse von Sterbenden aufmerksam gemacht hat – sagt über eine solche Situation: »Die Askese ist nun vollkommen, und der Kranke hat sich von seinen Verwandten in dieser Welt abgewandt und ist bereit zu sterben.«[6]

Wenn der Schleier sich lüftet

Eine Frau – sie war Mitte Vierzig – erzählte einige Jahre nach dem Tod ihres Mannes:

»Als mein Mann starb, sah ich plötzlich eine schemenhafte Gestalt neben seinem Bett stehen, eine Frau. Sie war leicht durchsichtig, doch sonst sah sie aus wie ein normaler Mensch. Langsam beugte sie sich über das Bett meines Mannes. An ihrer ganzen Art, sich zu bewegen, sowie an ihrer Körperhaltung spürte ich ihre Liebe. Ich wusste in diesem Moment – mit einer tiefen inneren Gewissheit – dass diese Frau seine Mutter war, die in jungen Jahren verstorben war und nun kam, um ihm zu helfen. Ich war ihr niemals begegnet, denn sie war schon verstorben, als ich meinen Mann kennenlernte. Sie streichelte auch das Gesicht meines Mannes. Sie tat das mit einer Zärtlichkeit, die mich heute noch tief berührt. Dann war sie weg. Das heißt, ich denke, dass sie sehr wohl noch dort war, ich sie jedoch nicht mehr sehen konnte. Nur für diesen einen, so intensiven Augenblick wurde der Schleier kurz gelüftet.«

Es war insbesondere jene Erfahrung, die dieser Frau später die so notwendige innere Kraft und das Durchhaltevermögen schenkte, um den Tod ihres Mannes zu verarbeiten. Obgleich sie mit Erfahrungen wie dieser an sich überhaupt nicht vertraut war, war dieses Erlebnis so überzeugend und zugleich auch so selbstverständlich, dass sie auch später nie an dessen Echtheit gezweifelt hat.

Liebe macht sehend

Ein Vater erzählt vom Todestag seiner sechsjährigen Tochter:

»Keine Angst, nur Stille und Hingabe. Es muss an diesem Samstag etwas zu ihr hinabgekommen sein, worüber sie sich gefreut hat, etwas oder jemand, das ihr so viel Geborgenheit und Sicherheit gab, dass sie ihre Angst loslassen konnte.«[7]

Dieser Vater hatte nichts gesehen – keinen Engel und kein bereits verstorbenes Familienmitglied, das gekommen wäre, um seine Tochter abzuholen. Doch sein Respekt für und seine Liebe zu seiner Tochter führten ihn zu dieser Erkenntnis, ja emotionalen Gewissheit, dass jemand aus einer anderen, höheren Welt zu seiner Tochter gekommen sein musste, um ihr bei den letzten Schritten durch das Tor des Todes in das neue Leben auf der anderen Seite des Seins zu helfen. Es war die Liebe zu seiner Tochter, die ihn dies sehen und mit seinem Herzen wissen ließ. Das ist die Kraft der wahren Liebe. Diese Erfahrung veranlasste ihn auch, zu schreiben: »Es ist möglich, den Kampf um das Leben seines Kindes zu verlieren und dennoch kein Verlierer zu sein.«[8]

Hilfe von Engeln und Verstorbenen

Schwerkranke und sterbende Kinder erzählten mir im Krankenhaus mit großer Regelmäßigkeit von Besuchen durch einen Engel: Sie spürten offensichtlich intuitiv, dass ich eine solche Erfahrung nicht befremdlich finden und ihre Geschichte nicht als Fantasie abtun würde. Daher sprachen sie ganz offen über Erfahrungen, über die sie mit anderen nicht so schnell redeten. Sie erzählten beispielsweise, wie eines Abends plötzlich eine »Lichtgestalt« neben ihrem Bett stand, die ihnen allein durch ihre Anwesenheit Trost und Mut schenkte. Auch ging von dieser Gestalt eine solche Wärme aus, dass sie sich nicht mehr so allein fühlten. Sie bezeichneten sie ganz unbefangen als »Herrn des Lichtes«, als »Jesus« oder auch als »einen Engel«. Je nachdem, welche religiöse Vorbildung sie von zu Hause mitbrachten oder auch nicht. Doch wie sie diese Erscheinung auch nannten – sie machten alle die gleiche Erfahrung von Trost und Ermutigung und erfuhren dank dieses Engels tiefen inneren Frieden und Ruhe, obwohl sie sich vorher noch so ängstlich, einsam und panisch gefühlt hatten.

In meinem Buch über Engel habe ich alle die Erfahrungen, die mir kranke und sterbende Kinder anvertraut haben, so zusammengefasst: »Die Engel besuchten die Kinder entweder in einer sehr schweren Phase ihrer Krankheit oder während der letzten Tage ihres Erdenlebens. Die Engel nahmen dem Kind dabei die Angst und schenkten ihm Vertrauen. Meist geschieht dies, ohne auch nur ein einziges Wort zu sagen. Es war, als würde allein ihr Erscheinen den Kindern dieses neue Vertrauen einflößen.«[9]

Der Kummer, den die Verstorbenen haben

Ich selbst habe schon seit vielen Jahren hellsichtige Erlebnisse. Dabei durfte ich nicht nur Engeln begegnen. Es kamen im Lauf der Zeit auch viele Verstorbene auf mich zu, die mich baten, an einen ihrer Lieben eine Botschaft weiterzureichen. Sie erzählten mir, wie sehr sie sich mit ihren geliebten Hinterbliebenen auf Erden verbunden fühlten und wie gern sie ihnen helfen und sie inspirieren würden. Es war ihnen allerdings unmöglich – so sagten sie – ihren geliebten Freund auf Erden zu erreichen, weil dieser sich innerlich der Realität der geistigen Welt, in der sie nun lebten, verschloss.

Immer wieder erklärten sie mir, dass sie, wenn ihre lieben Hinterbliebenen davon ausggingen, dass der Tod wirklich das Ende sei, sie keinen Kontakt mehr zu diesen aufnehmen könnten. Immer wieder sah und spürte ich, wie viel Kummer ihnen dies bereitete. *So erkannte ich, dass viele Verstorbene in der geistigen Welt außerordent-*

lich darunter leiden, dass sie ihre Lieben auf Erden nicht erreichen können.

In diesem Fall suchen sie andere Möglichkeiten, um wieder mit ihnen in Verbindung zu treten. Eine dieser Möglichkeiten besteht darin, sich an Menschen zu wenden, die hellseherische Fähigkeiten besitzen. Sie wollen ihren lieben Hinterbliebenen natürlich so gern erzählen, dass es ihnen gut geht, um ihnen auf diese Weise trotz ihres Kummers Mut zu machen. Aufgrund dieser Erfahrungen war ich selbst tief gerührt von dem großen Kummer, unter dem die Verstorbenen leiden, weil sie ihre Lieben nicht erreichen können.

Dank dieser Erlebnisse ist es für mich ganz selbstverständlich geworden, dass unsere lieben Verstorbenen natürlich auch uns zu Hilfe eilen, wenn wir im Begriff sind, die Erde zu verlassen, um in die geistige Welt einzutreten. Voller Freude warten sie auf den Augenblick, in dem sie ihre geliebten Freunde in der geistigen Welt begrüßen und willkommen heißen dürfen.

Hilfe durch Träume

Auch Träume bilden einen Kanal, über den die geistige Welt den Sterbenden Hilfe und Beistand schenkt. Ein Mann, der im Sterben lag und mit dem Tod keinen Frieden schließen konnte, sondern ängstlich und verkrampft blieb, träumte eines Nachts, dass er eine Anhöhe hinauflief. Schließlich kam er an ein goldenes Tor. Als er dort angekommen war, wollte er, getrieben von intensiver Freude und einer tiefen

Sehnsucht, nur noch durch dieses Tor eintreten. Doch als er davor stand, sagte eine Stimme: »Deine Zeit ist noch nicht gekommen. Doch in kürze wirst du wieder hierher kommen, und dann darfst du eintreten.« Dieser Traum nahm ihm seine Angst und Verkrampftheit vollkommen, so dass er kurze Zeit später in Frieden und Ruhe sowie im vollen Vertrauen auf das, was ihn erwartete, sterben konnte. Dieser Traum bewirkte, was meine Gespräche mit ihm nicht bewirken konnten – nämlich mit seinem Schicksal Frieden zu schließen und ohne Angst zu sterben.

Die Erkenntnisse von Kübler-Ross und ihren Schülern

Es waren – und sind – vor allem die Thanatologin und Ärztin Elisabeth Kübler-Ross, die sich mit den beschriebenen Phänomenen befasst, sowie deren Mitarbeiter, die unser Augenmerk fortwährend auf die Erfahrung von Sterbenden gelenkt haben. Nicht nur ihre Bestseller, sondern auch die Bücher von Raymond Moody, Gregg Furth und David Kessler haben inzwischen einen hohen Bekanntheitsgrad erlangt und sind in viele Sprachen übersetzt worden.[10] Indem sie nur den Erfahrungen Beachtung schenkten, die Schwerkranke und Sterbende an der äußersten Schwelle zwischen Leben und Tod machten, stellten sie zu ihrer eigenen Verwunderung fest, dass diese eine besondere Hilfe und besonderen Beistand aus der geistigen Welt zu bekommen schienen.

Dank ihrer Arbeit und den zahlreichen Beispielen für diese Art der Hilfe, von der sie berichteten, ist es inzwischen vielen Menschen klar geworden, dass die Lichtwesen – die wir meist als »Engel« bezeichnen – auch den Auftrag haben, den Sterbenden beizustehen und sie auf ihrem Weg in die geistige Welt zu begleiten. Die Engel, die mit dieser Aufgabe betraut sind, dürfen wir daher auch als »Geburtshelfer der geistigen Welt« bezeichnen. Sie vollziehen die kosmischen Gesetze, die beim Sterben Anwendung finden. Wenn wir dies wissen, wird es verständlich, weshalb so viele Familienmitglieder von Sterbenden – unabhängig voneinander – Zeugen jener Hilfe sind, die ihre Lieben beim Sterben seitens der Engelwelt erhalten.

Die Kraft der wahren Liebe

Doch die Forschungsarbeit von Kübler-Ross und ihrem Team macht auch deutlich, dass diese Hilfe nicht nur von seiten der Engel kommt. Anhand ihrer Forschungen ergibt sich nämlich unumstößlich, dass auch Familienmitglieder und/oder Freunde, die ihren Lieben in die geistige Welt vorausgegangen sind, diesen von dort aus in den so entscheidenden Stunden ihres Sterbens helfen und ihnen beistehen. Die zahlreichen Beispiele, welche die oben genannten Autoren anführen, machen deutlich, dass die Liebe nicht mit dem Tod endet – die Liebe bleibt ewig bestehen und verbindet uns weiterhin, auch wenn der eine noch auf der Erde lebt, der andere aber schon in die geistige Welt hinübergegangen ist.

Folglich ist es – wie wir aufgrund der zahlreichen Beispiele feststellen können – die Liebe, die bewirkt, dass unsere verstorbenen Familienmitglieder auf uns zukommen und uns beistehen, wenn auch für uns die Zeit gekommen ist, zu gehen. Die Liebe möchte helfen, mittragen, Hoffnung und Mut schenken und die Augen unserer Herzen für die geistige Welt öffnen, die uns erwartet. Daher können auch so viele Sterbende die Anwesenheit und Hilfe durch verstorbene Familienmitglieder bezeugen. Vielleicht wird die Kraft der wahren Liebe nirgendwo stärker spürbar als gerade am Sterbebett.

3.

Nicht nur Sterbebegleitung, sondern auch Geburtshilfe

Der Körper stirbt, ist tot und vergeht für immer

Die wissenschaftlichen Erkenntnisse von Dr. Kübler-Ross und ihren Mitarbeitern sowie die Schlussfolgerungen, die sie aufgrund ihrer Resultate gezogen haben, machen eines deutlich: Der Tod ist nicht das definitive Ende des Menschen. Natürlich bedeutet der Tod das Ende und den Verfall des physischen Körpers. Der Körper stirbt, ist tot und vergeht für immer. Er zersetzt sich wieder in die Elemente, aus welchen er ursprünglich aufgebaut worden ist: »Asche zu Asche, Staub zu Staub.« Das sind die berühmten Worte, die meist bei Begräbnissen und Einäscherungsfeiern gesprochen werden und eine tiefe Wahrheit beinhalten. Der Körper wird vom Moment der Empfängnis aus Materie aufgebaut, aus »Staub, der aus der Erde kommt«. Wenn er dann stirbt, zerfällt er wieder zu den Elementen, aus welchen er aufgebaut wurde. Doch die geistigen Kräfte, die in unserem Körper leben – unsere Seele und unser Geist – lösen sich mit dem Tod vom physischen Körper und treten in die geistige Welt ein, um dort eine neue Lebensreise zu beginnen.

Neue Erkenntnisse, die im Grunde schon ganz alt sind

Sobald unser Körper in seine Einzelelemente zerfallen ist, stellt dies eine definitive Heimkehr dar, einen definitiven Zerfall: Dieser physische Körper, in dem wir zurzeit auf Erden leben, steht niemals wieder auf und kehrt auch niemals wieder zurück.

Die Tatsache, dass die Kirche dieses Dogma aufrechterhält, rührt daher, dass sie sich in den großen Geheimnissen verloren hat, die mit dem Sterben und dem Tod verbunden sind. Es sind Erkenntnisse, die ab dem 4. Jahrhundert n. Chr. – als die Kirche staatlich anerkannt (*Mailänder Vereinbarung*) und später sogar zur Staatsreligion ernannt wurde – nur noch im Verborgenen, über die im Untergrund arbeitende Strömung des esoterische Christentums, weitergegeben wurden.[11] Man denke beispielsweise an die Gnostiker, die Bogomilen, die Katharer, die Templer und die Rosenkreuzer. Diese Erkenntnisse konnten nicht länger öffentlich, sondern nur noch im Geheimen weitergegeben werden, weil sie von Seiten der Kirche fanatisch bestritten wurden. Jeder, der diese Geheimnisse zur Diskussion stellen wollte, musste um sein Leben bangen. So kam es beispielsweise zu der Tragödie, dass mehr als eine Million Katharer im 13. Jahrhundert im Zuge der kirchlichen

Inquisition zu Tode kamen, nur weil sie andere Ansichten hatten, als die Kirche erlaubte. Diese Ansichten bezogen sich teilweise auch auf die alten, esoterischen Einsichten in die Geheimnisse, die mit dem Tod verbunden sind.

Doch nun, da das *Eiserne Zeitalter* oder das *Kali-Yuga* – das große Zeitalter der Verschleierung, in dem der Kontakt zur geistigen Welt abbricht – abgelaufen ist, ist die Zeit angebrochen, um dieses Wissen wieder ans Licht zu bringen.[12] Dadurch wird es für den modernen Menschen viel begreiflicher, was der Tod im eigentlichen Sinn bedeutet. Es handelt sich um Geheimnisse, die vor allem Einblick in den Aufbau und in die Strukturen des Menschen geben. Anhand dieser Erkenntnisse erhält man auch Einblicke in den Weg, den die Verstorbenen in der geistigen Welt auf der anderen Seite des Todes gehen.

Das Verblüffende daran ist, dass diese alten Erkenntnisse in direktem Zusammenhang mit dem großen Durchbruch der Wissenschaft stehen, was die Einschätzung der Rolle des Todes betrifft, wie wir noch feststellen werden.

Raupe, Puppe und Schmetterling – Körper, Seele und Geist

Elisabeth Kübler-Ross benutzt ein aussagekräftiges Bild, um deutlich zu machen, was der Tod eigentlich ist – das Bild von der Raupe und vom Schmetterling. Wenn die Raupe ausgewachsen ist, zerbirst ihre Haut, und es kommt ein kleines Päckchen zum Vorschein, das man »Puppe« nennt. Die Puppe hängt dann einige Zeit lang an einem von der Raupe gesponnenen Faden an einem geschützten Ort, meist am Ast eines Baumes. Die Puppe kann sich nicht bewegen. Sie ist folglich verletzbar. Daher ähneln die Schmetterlingspuppen oft auch Ästchen, toten Blättern oder Dornen. Außerdem ist die Puppe meist so unauffällig wie möglich gefärbt. Das Puppen-Stadium dauert bei einer bestimmten Schmetterlingsart nur acht Tage, bei einer anderen sogar bis zu vier Jahre. Wenn die Puppe letztendlich zerbirst – entlang einer vorgegebenen Soll-Bruchlinie – schlüpft ein Schmetterling aus. Dieser ist anfangs weich, seine Flügel sind zusammengefaltet und stark zerknittert. Dann werden die Adern der Flügel mit einer Flüssigkeit vollgepumpt, so dass sich die Flügel wie von selbst entfalten. Dieser Mechanismus wird stimuliert, indem der Schmetterling vorsichtig mit den Flügeln schlägt. Langsam werden diese immer stärker und tragen den Schmetterling schließlich, so dass er fliegen kann.

Die Raupe durchläuft also eine Metamorphose: Erst die Verwandlung von der Raupe zur Puppe und dann die von der Puppe zum Schmetterling. Das bedeutet, dass die Raupe zwar stirbt, bei ihrem Tod jedoch in zwei aufeinanderfolgenden Etappen zum Schmetterling geboren wird: Wenn die Raupe stirbt, wird der Schmetterling geboren.

Dieses Bild benutzt Kübler-Ross, immer wieder, um zu verdeutlichen, worum es sich beim Sterben eigentlich handelt.[13] Wenn der Mensch stirbt, bedeutet das, dass sein (physischer) Körper stirbt. Doch das ist nicht alles, was es über den Tod zu sagen gibt; denn wenn der Körper stirbt, löst sich die Seele offensichtlich vom Körper. Sie tritt in die geistige Welt ein und beginnt dort mit der Aufgabe, die sie in dieser neuen Welt zu erfüllen hat. Doch die Seele ist träger als der Geist, denn die Seele ist in der Tat die Hülle des Geistes, so wie der physische Körper die Hülle der Seele war. Daher legt der Geist – das eigentliche Wesen des Menschen – nach einiger Zeit auch die Seele ab und setzt, befreit von Körper und Seele, seine Reise in die Lichtwelt fort. Man kann folglich sagen, dass der Körper zuerst die Seele hervorbringt, und daraufhin die Seele den Geist.

Zusammenfassend können wir feststellen: *Die Raupe bringt eine Puppe hervor, und die Puppe einen Schmetterling.* Und für den Menschen gilt: *Unser Körper bringt beim Tod unsere Seele hervor, und unsere Seele gebärt später, in der geistigen Welt, unseren Geist.* Diese Erkenntnis wurde in der Vergangenheit schon vom deutschen Dichter Novalis mit anderen Worten ausgedrückt: »Wo der Mensch stirbt, wird der Geist geboren.«[14]

Wir wollten uns der Frage zuwenden: Was ist eigentlich die Seele und was ist der Geist?

Die Geburt der Seele miterleben

Jemand hat mir einmal erzählt, dass er beim Tod seiner Frau sah, wie sich ein zarter Schleier – durchsichtig, transparent – aus ihrer Brust löste, um langsam durch das offene Fenster nach draußen zu schweben und in den Himmel aufzusteigen. Dies haben auch andere Menschen unabhängig voneinander, und jeder auf seine ganz persönliche Weise, wahrgenommen. Es zeigt, dass die Geburt der Seele beim Tod des Körpers manchmal sogar im Physischen sichtbar wird.

Glaube versus Wissenschaft

Lange Zeit weigerte sich die Wissenschaft, offen über die Möglichkeit der Existenz eines Lebens nach dem Tod zu diskutieren. Das ist auch verständlich: Bisher war es ja nicht möglich, wissenschaftlich zu beweisen, dass nach dem Tod noch Leben möglich ist. Die Auffassung, dass es ein ewiges Leben nach dem Tod gibt, konnte nur vom Glauben getragen werden. So spricht der Gläubige unbedarft, doch ohne stringenten Beweis, über einen Himmel, eine Hölle und, wenn er ein Katholik ist, auch über ein Fegefeuer – Aspekte, die auf der anderen Seite des Todes gemäß seinem Glauben Realität sind. Für die Wissenschaft war eine derartige Betrachtungsweise unmöglich, denn sie basiert auf nüchternen Fakten und konkreten, überprüfbaren Beweisen. Diese Beweise konnten bis auf den heutigen Tag nicht geliefert werden. Immer weniger Menschen können sich in unserer Zeit daher unbefangen der unbewiesenen Sichtweise des Glaubens anschließen. Die meisten halten sich doch lieber an das, was die Wissenschaft sagt.

Weil die Wissenschaft jedoch nicht imstande war, über ein mögliches Leben nach dem Tod etwas Plausibles zu äußern, kamen immer mehr Menschen zu der Erkenntnis, dass der Tod das definitive Ende des Menschen sei: Tot ist tot. Die Glaubenslehre hat immer mehr an Boden verloren – zugunsten der Wissenschaft.

Neue wissenschaftliche Erkenntnisse

Das Erstaunliche ist nun, dass die Wissenschaft in letzter Zeit immer wieder zu neuen Erkenntnissen gelangt und dadurch allmählich ihren Standpunkt neu ausrichtet. Neben den bereits genannten Arbeiten von Dr. Kübler-Ross und ihrem Team hat beispielsweise auch das Buch des niederländischen Arztes und Kardiologen Pim van Lommel international große Aufmerksamkeit auf sich gezogen. In dem Buch *»Endloses Bewusstsein«* berichtet er über die Ergebnisse seiner Forschungen über Nahtod-Erfahrungen.[15] Aufgrund dieser wissenschaftlichen Untersuchung kommt er zu der revolutionären Schlussfolgerung, dass es gute Gründe gibt anzunehmen, dass unser Bewusstsein nicht von unserem physischen Gehirn abhängt. Es ist auch ein Bewusstsein denkbar, das losgelöst von unserem Körper erfahren werden kann.

Das ist wirklich revolutionär! Bis heute ist die Wissenschaft davon ausgegangen, dass unser Denken und unser Bewusstsein vollkommen an unser physisches Gehirn gebunden und nur durch dieses Organ allein möglich ist. Das bedeutet, dass beim Gehirntod auch das Denkvermögen und das Bewusstsein mit dem Gehirn absterben, so dass es nicht mehr möglich ist, sich nach dem Tod irgendwelcher Dinge bewusst zu sein.

Doch nun bringt van Lommel den Beweis, dass ein Bewusstsein möglich ist, das vom (physischen) Gehirn losgelöst ist. Das wiederum bedeutet, dass die Möglichkeit besteht, dass wir Menschen nach unserem Tod, wenn wir unseren physischen Körper verlassen haben, dennoch über ein gewisses Bewusstsein verfügen und folglich Eindrükke aus der geistigen Welt gewinnen können, in der wir uns dann befinden. Nur so ist es begreiflich, dass sich Menschen, die sich bei einem Nahtod-Erlebnis außerhalb ihres Körpers befinden, dennoch ein Bild von der Welt machen können, in der sie sich dann befinden. Die Forschungsarbeit von Pim van Lommel führte folglich auch zu der für Wissenschaftler schockierenden Schlussfolgerung, dass nach unserem Tod durchaus noch Bewusstsein möglich ist und der Tod somit doch nicht das definitive Ende des Menschen bedeutet. Es kommen also von wissenschaftlicher Seite immer mehr Hinweise, die die Sichtweise von Kübler-Ross unterstützen.

Aufgrund der verschiedenen Forschungen und Erkenntnisse können wir die Schlussfolgerung ziehen, dass der Tod nicht nur das Ende oder der Tod des Körpers ist, sondern auch eine Geburt bedeutet – die Geburt der Seele. So wie die Raupe bei ihrem Tod eine Puppe und damit einen Schmetterling erzeugt, erzeugt der physische Körper beim Tod eine Seele, und damit auch einen Geist.

Ich persönlich vermute, dass sich in naher Zukunft immer mehr wissenschaftliche Beweise finden lassen, die diese Betrachtungsweise weiter erklären werden. Wer die Augen für die Entwicklungen in der Welt der Wissenschaft offen hält, muss früher oder später ebenfalls zu dieser Sichtweise gelangen.

Sterbebegleitung ist zugleich auch Geburtshilfe

Natürlich hat diese neue Betrachtungsweise auch großen Einfluss auf das Geleit, das wir Sterbenden geben können. Wenn ein Mensch im Sterben liegt, hat eine liebevolle, fürsorgliche Sterbebegleitung oberste Priorität. Das Sterben ist in der Tat eine schwere Aufgabe: Abschied zu nehmen von allem, was einem lieb ist, auch von den Menschen, die man liebt, und zu lernen, die eigene alte Welt ganz loszulassen, ist für viele die allerschwerste Aufgabe, die man einem Menschen überhaupt stellen kann. Es wird deutlich werden, dass eine liebevolle, warme, respektvolle Begleitung dabei eine große Hilfe, eine unverzichtbare Unterstützung und ein tiefer Trost sein kann. Außerdem ist natürlich noch eine effiziente Schmerzbekämpfung von grundlegender Bedeutung.

Doch neben der Sterbebegleitung bedarf es auch einer Art von »Geburtshilfe«. Unsere verletzliche Seele, die nach ihrer Geburt allmählich heranwächst, braucht nämlich diese Aufmerksamkeit, denn sie hilft ihr, als reifes Wesen geboren zu werden, das für sein neues Leben bereit ist.

Nicht ohne Grund trägt eines der Bücher von Kübler-Ross den Titel: »Der Tod, letztes Stadium des inneren Wachstums«.[16] Mit diesem Titel zeigt sie, dass beim Sterben die Aufmerksamkeit möglichst ebenso sehr auf das Wachstum der Seele ausgerichtet sein sollte wie auf den Tod des Körpers. Auch andere Forscher denken in diese Richtung. So bezeichnet Arie Boogert den Tod beispielsweise als Geburtsprozess und sagt, dass zur Sterbebegleitung auch Geburtshilfe gehört.[17]

Geburtshilfe ist eine Form der Begleitung, die die Aufmerksamkeit des Sterbenden auf das Wachstum der Seele lenkt, so dass sich diese schnell als erwachsenes Wesen vom Körper lösen kann. Dabei geht es unter anderem darum, alte Konflikte zu lösen, Streit beizulegen und Frieden und Hingabe zu entwickeln. Es geht aber auch darum, die Führung, die wir im Leben erhalten, sowie unsere Lebensaufgabe zu erkennen und ein Gefühl von Dankbarkeit zu entwickeln. Erst dann, wenn alle diese Aufgaben vollbracht sind und die Seele für ihre Mission in der Welt auf der anderen Seite des Todes bereit ist, ist sie auch richtig auf den Tod vorbereitet. Wenn sie dann stirbt und gleichsam als Puppe neu geboren wird, kann sie wiederum den Geist als strahlenden, ausgereiften Schmetterling gebären, der sein neues Leben in der Welt des Lichtes voller Freude beginnen kann.

Die Vorbereitung auf das neue Leben

Zur Geburtshilfe an einem Sterbenden gehört es auch, dass dieser lernt, sich auf die Aufgaben und Missionen vorzubereiten, die ihn im neuen Leben in der geistigen Welt erwarten; denn es ist wichtig, hier auf Erden bereits die richtigen Vorbereitungen für das neue Leben zu treffen. Die Tatsache, ob wir eine Kenntnis von der Welt haben, in die wir nach unserem Tod eintreten, oder nicht, macht nämlich einen bedeutsamen Unterschied dabei aus, wie dieses neue Leben beginnt, und auch, wie es weiter verläuft.

Stellen Sie sich vor, Sie würden auswandern. Wenn Sie ein solches Unternehmen planen, ist es wichtig, vorab die Sprache des Landes und der Menschen, in deren Mitte sie zukünftig leben werden, zu erlernen. Es ist wichtig, dass Sie sich auf die Lebensgewohnheiten, die Geschichte und die kulturellen Traditionen in jenem neuen Land vorbereiten. Es ist auch sinnvoll, sich bewusst zu werden, was Sie dort tun möchten.

Bei den verschiedenen Fernsehbeiträgen über Menschen, die in ein anderes Land auswandern, sehen wir immer wieder, dass vor allem diejenigen erfolgreich sind, die sich richtig vorbereitet, die Sprache erlernt und sich mit jener neuen Kultur beschäftigt haben. Doch diejenigen, die schlecht vorbereitet ankommen und nicht einmal die Landessprache sprechen, kehren erwiesenermaßen viel häufiger mit hängenden Köpfen wieder in ihr altes Heimatland zurück, weil sie es nicht geschafft haben, sich in jenem neuen Land ein eigenes Leben aufzubauen. Eine ähnliche Vorbereitung ist natürlich auch vonnöten, wenn man in die geistige Welt »auswandert« – denn zu sterben bedeutet im Grunde nichts anderes, als in ein neues Land weiterzuziehen.

4.

Wenn der Tod ganz plötzlich einen unserer Lieben ereilt

Wenn ein Mensch ganz plötzlich stirbt

Bevor ich im folgenden Kapitel den Aufbau und die Struktur des Menschen behandeln werde, um daran den Sterbeprozess zu verdeutlichen, möchte ich noch auf eine Frage eingehen, die mir oft gestellt wird, und die sich inzwischen bestimmt bereits dem einen oder anderen Leser ebenfalls aufdrängt. Es geht um die Frage: »Was ist eigentlich mit Menschen, die ganz plötzlich sterben?« Man denke etwa an die Menschen, die ohne Vorwarnung plötzlich an einem Herzstillstand sterben, oder an Menschen, die bei einem Verkehrsunfall ums Leben kommen. In solchen Fällen tritt der Tod so unerwartet ein, dass bei ihnen von einer Vorbereitung auf den Tod und folglich auch von einer Sterbebegleitung nicht die Rede sein kann, geschweige denn von einer Vorbereitung auf die Geburt der Seele. Der Tod überrascht sie ja ganz plötzlich, mitten im aktiven Leben, und es gab keinerlei Hinweise auf den bevorstehenden Tod.

Die Frage ist jedoch, ob Menschen, die so plötzlich sterben, wirklich nicht gewusst haben, dass sie der Tod erwartete. Ich bin zu der Schlussfolgerung gekommen, dass auch ein Mensch, der plötzlich stirbt, *unbewusst* weiß, dass er bald sterben wird, und sich daher *unbewusst* auf seinen bevorstehenden Tod vorbereitet hat. Ich möchte diese Schlussfolgerung näher beleuchten.

Kranke Kinder wissen, ob sie wieder gesund sein oder sterben werden

Mir ist in all den Jahren, in denen ich als Krankenhauspfarrer mit schwerkranken und sterbenden Kindern zu tun hatte, klar geworden, dass alle kranken Kinder in ihrem Inneren wissen, ob sie wieder gesund werden oder ob sie sterben müssen.

Selbst wenn der behandelnde Arzt noch nicht einmal weiß, welche Tendenz der Krankheitsverlauf haben wird und ob das Kind die Krankheit überleben wird oder nicht – das Kind weiß es sehr wohl. Dem Kind ist dies zwar in seiner Persönlichkeit nicht bewusst, aber in seinem Unterbewusstsein weiß es das. In der Tiefe seiner Seele wohnt ein inneres Wissen. Zuweilen bringen Kinder dieses Wissen ganz spontan und beiläufig in ihren Fantasien, Zeichnungen und Malereien zum Ausdruck. Wenn das verborgene Wissen aus dem Unterbewusstsein an die Oberfläche kommt, sucht es eine bildhafte, spielerische Möglichkeit, um sich zum Ausdruck zu bringen.

Daher benutzen Kinder keine logische, sondern eine

bildhafte Sprache, um das innere, unbewusste Wissen darüber, was passieren wird, zum Ausdruck zu bringen. So sprechen Kinder, die unbewusst wissen, dass sie sterben werden, beispielsweise von einem »Umzug«. Oder sie sagen: »Wenn ich ein Schmetterling geworden bin«, oder: »Wenn ich bei der Oma bin«, oder: »Wenn ich bald ein Engel bin«, oder: »Später, in dem anderen Land«. Gehen Sie mit diesen Äußerungen bitte äußerst behutsam um und denken Sie nicht, dass jedes Kind, das einen Schmetterling zeichnet, damit auch ausdrückt, dass es bald sterben wird. Sie können das innere Wissen eines Kindes nur ergründen, wenn Sie mehrere Hinweise haben, die alle in die gleiche Richtung weisen. Ein Kind, das auf dem Heimweg von der Schule in der Hecke einen schönen Schmetterling gesehen hat, kann durchaus versuchen, diesen Schmetterling daraufhin zu zeichnen, wenn es daheim ist. Das zeigt dann lediglich, dass das Kind durch den Schmetterling, den es unterwegs gesehen hat, innerlich berührt worden ist. Diese Vorsicht und Zurückhaltung bei der Interpretation von Symbolen gilt natürlich auch für die anderen Symbole, von welchen ich spreche.

Kinder, die auf dem Weg der Genesung sind, zeichnen manchmal *ein Auto, das einen Hügel hinauffährt.* Andere zeichnen *sich selbst* in einer späteren Lebensphase, *ohne Infusionen, Narben* und andere Merkmale, die an ihre aktuelle Krankheit erinnern. Wieder andere zeichnen *eine Blumenwiese in voller Blüte.* So drücken sie unbewusst, folglich auch unbeabsichtigt, das Wissen um ihre baldige

Genesung aus. Das tun sie übrigens so beiläufig, dass es meist kaum auffällt, dass sie in diesen Bildern ihr inneres Wissen über die nahe Zukunft preisgeben. In ihrem Umfeld denkt man vielleicht nur: »Was hat das Kind doch für eine Fantasie!«

Ich war tief berührt, als ich feststellen durfte, wie treffsicher das innere Wissen der Kinder ist. Dadurch war es möglich, dass ich manchmal sogar schon früher als der behandelnde Arzt wusste, ob ein Kind wieder genesen würde oder nicht. Später stieß ich auf das Büchlein von Susan Bach, in dem sie aufgrund der Analyse von Zeichnungen kranker Kinder zum gleichen Schluss kommt: Kinder wissen, welchen Verlauf ihre Krankheit nehmen wird.[18] Doch, so bestätigt es auch Susan Bach, es handelt sich dabei um ein unbewusstes Wissen, das sie nicht in einer logischen Sprache, sondern in der Bildersprache zum Ausdruck bringen.[19]

In jener Zeit – in den Achtzigerjahren des vorigen Jahrhunderts – war das schon eine beachtliche Entdeckung. Denn Anna Freud, die Tochter des bekannten Arztes und Psychologen Sigmund Freud, schrieb in einem ihrer Bücher in den Fünfzigerjahren noch, dass man sterbenden Kindern besser nichts über den bevorstehenden Tod erzählen und sie beruhigen sollte, indem man ihnen sagt, dass alles gut werden wird. Die neuen Erkenntnisse, die wir seitdem gewonnen haben, verdeutlichen, dass man mit dieser Methode ein Kind in Wirklichkeit im Stich lässt, weil es – unbewusst – genau weiß, dass man in diesem Moment nicht ehrlich zu ihm ist.

Auch Erwachsene haben ein unbewusstes Wissen

Kinder sind also wissend. Doch auch Erwachsene, die unerwartet sterben, scheinen unbewusst zu wissen, was ihnen in naher Zukunft bevorsteht. Eine Frau, deren Ehemann plötzlich an einem Herzinfarkt verstorben war, erzählte, dass ihr Mann kurz vor seinem Tod bereits seine Steuererklärung ausgefüllt hatte, sobald die Formulare vom Finanzamt im Briefkasten gelandet waren. Bis auf dieses letzte Mal hatte er die Steuererklärung immer so lange wie möglich hinausgezögert, weil er so eine Abneigung dagegen hatte. Doch nun hatte er diese Angelegenheit zum ersten Mal in seinem Leben spontan so früh erledigt, wie dies überhaupt möglich war. »Hätte er das nicht getan«, so berichtete seine Frau, »dann hätte ich das nach seinem Tod machen müssen, und das hätte ich gar nicht gekonnt. Ich bin mir sicher«, sagte sie nach einer kurzen, bewegenden Pause, »dass er wusste, dass er sterben würde, und mir daher nicht die Belastung mit der Steuererklärung aufbürden wollte.«

Berichte wie diesen habe ich oft gehört. Vor allem, wenn die Angehörigen zurückblicken, stellen sie manchmal allerhand »Zufälle« fest, anhand derer sie im Nachhinein allmählich immer mehr erkennen, dass es eben kein Zufall war, sondern unbewusste Absicht. »Eine Woche, bevor er starb«, so erzählte eine 30-jährige Frau, deren Mann bei einem Autounfall ums Leben gekommen war, »sagte er plötzlich eines Abends, als wir im Bett lagen: ›Wenn ich sterbe, will ich verbrannt und nicht begraben werden.‹ Wir sprachen, wohlgemerkt, über unseren Urlaub, und es gab keinerlei Anlass, über den Tod zu sprechen. Ich weiß noch, dass ich sofort reagierte: ›Sag' doch nicht so etwas Schauriges, darüber sprechen wir später einmal, wenn wir alt sind.‹ Da mussten wir beide über meine heftige Spontanreaktion lachen und haben nicht mehr weiter darüber gesprochen.« Auch dieser Frau wurde im Nachhinein klar, dass ihr Mann seinen bevorstehenden Tod bereits unbewusst geahnt haben musste.

Jemand anders erzählte: »Mein Partner sagte einige Tage, bevor er – völlig unerwartet durch einen Unfall – starb, dass er bei seiner Beerdigung ein besonderes Lied hören wollte – Brrr, wenn ich daran zurückdenke (…) Ich wollte, ich hätte ihn genauer darüber ausgefragt, warum er das damals gesagt hatte. Aber hinterher habe ich erkannt, dass er unbewusst gewusst haben muss, dass er sterben wird.«[20]

Jeder bereitet sich auf den Tod vor

Sowohl Kinder als auch Erwachsene scheinen folglich unbewusst zu wissen, dass sie sterben werden. So haben wir festgestellt, dass Erwachsene sich beispielsweise darauf vorbereiten, indem sie ihre Steuererklärung schneller als sonst ausfüllen, oder indem sie erzählen, dass sie begraben oder verbrannt werden möchten und was dann gesungen oder gesagt werden soll. Über dieses unbewusste Wissen sind schon viele Beispiele angeführt worden, sowohl in der Literatur als auch in den Geschichten, die wir Menschen einander erzählen. Wir können aufgrund all dieser Tatsachen folglich annehmen, dass sich Menschen, die plötzlich sterben, offensichtlich unbewusst auf den Abschied, das Loslassen ihres Körpers und die kommende Geburt ihrer Seele vorbereitet haben.

Doch wie ist es eigentlich möglich, dass Menschen dieses Wissen haben, wenn auch nur unbewusst? Das kommt daher, weil der Geist, der tief verborgen in unserer Seele lebt und aktiv ist, dies weiß. Er kennt unser Schicksal und hat Kenntnis von allen Ereignissen, die uns bevorstehen. Es handelt sich dabei um ein Wissen, das unser Geist bei unserer Geburt aus der geistigen Welt, in der wir auf unser neues Leben auf Erden vorbereitet werden, mitgenommen hat. Doch weil unser Geist angesichts der oft sehr im Vordergrund stehenden Kräfte unserer Seele und unseres Egos tief in den Hintergrund tritt, und weil unser Geist in unserem Inneren noch kaum erwacht ist, bleibt der allergrößte Teil der Kenntnisse unseres Geistes im Unbewussten verborgen. Die Kenntnisse, die wir in uns tragen, sind folglich ein unbewusstes, tief vergrabenes Wissen. Doch das Wirken des Geistes und sein Einwirken auf unsere

Seele werden sehr wohl sichtbar – wie etwa an den vielen Beispielen, in welchen es um ein unbewusstes Wissen geht.

Auch wer unerwartet stirbt, scheint sich also dennoch, wenn auch unbewusst, auf den Tod vorbereitet zu haben. Dabei ist es die Aufgabe unseres Geistes, unsere Seele in aller Stille auf ihre kommende Geburt vorzubereiten. Unser Geist regt unsere Seele auch an, Maßnahmen zur Vorbereitung auf den bevorstehenden Abschied zu ergreifen. Außerdem bereitet unser Geist unsere Seele auch in geistiger Hinsicht auf den kommenden Übergang in das andere Leben in der geistigen Welt vor – eine Tatsache, die sich unserer Wahrnehmung gänzlich entzieht. Doch dies alles kann der Geist ganz allein leisten, solange unsere Seele ernsthaft an geistigen Fragen und Erkenntnissen interessiert ist.

Auch Kinder bereiten sich auf den bevorstehenden Tod vor. Mehrfach haben mich schwerkranke Kinder gebeten: »Wirst du Papa und Mama trösten, wenn ich nicht mehr da bin?« Sie hatten keine Angst zu sterben – Kinder wissen ja noch, dass das Leben auf der anderen Seite des Todes weitergeht – doch sie finden es so schrecklich, Vater und Mutter mit ihrem Tod Kummer und Schmerz zu bereiten. Diese Kinder zeigten mir damit auf beeindruckende, reine und schlichte Weise die Kraft der wahren Liebe – einer Liebe, die mehr um die anderen besorgt ist, als um das eigene Schicksal.

Die Zeit steht still

Es kommt noch etwas anderes hinzu: Sobald sich die Seele vom Körper zu lösen beginnt, steht die Zeit gleichsam still. Wenn ich bei meiner Suche nach Berichten über Nahtod-Erfahrungen fündig wurde, hat es mich oft fasziniert, was Menschen beispielsweise innerhalb von nur dreißig Sekunden erleben können. Laut Angabe der Ärzte sind sie nur dreißig Sekunden ohne Bewusstsein und klinisch tot gewesen. Doch in diesen dreißig Sekunden hatten sie manchmal ausgedehnte Reisen unternommen, mit lieben Verstorbenen gesprochen, einen Rückblick auf ihr gesamtes Leben erfahren, die Engelwelt erkundet und alle möglichen Sphären und Welten bereist. Wenn sie darüber erzählten, hatte ich das Gefühl, dass sie zumindest mehrere Tage lang unterwegs gewesen sein mussten, und nicht nur dreißig Sekunden.

Anfangs fragte ich mich immer, wie das denn möglich war – bis ich erkannte, dass sie, sobald sie sich von ihrem Körper lösten, in eine Welt kamen, in der es keine Zeit gibt. Die Bibel beschreibt das mit den Worten: »Ein Tag vor dem Herrn ist wie tausend Jahre, und tausend Jahre wie ein Tag.«[21] In der geistigen Welt steht die Zeit wirklich still, und es bekommt jeder »alle Zeit«, um in einer Atmosphäre der Zeitlosigkeit zu erkennen, was er erkennen muss, um zu erfahren, was er erfahren muss, und um zu sehen, was er anschauen muss. Das bedeutet für mich, dass derjenige, der plötzlich stirbt, alle Gelegenheit bekommt, sich in einer Atmosphäre der Zeitlosigkeit auf den Übergang in die geistige Welt vorzubereiten. Diese Atmosphäre der Zeitlosigkeit tritt ein, sobald der oder die Betreffende beginnt, sich vom physischen Körper zu lösen, also bei den ersten Anzeichen des Todes. In diesem Fall geht es nicht um Sterbebegleitung und Geburtsvorbereitung durch Menschen auf Erden. Jetzt sind es vielmehr die Engel, die diese Aufgabe der Menschen übernehmen und den Sterbenden auf die Geburt seiner Seele vorbereiten und ihm dabei beistehen. Sobald der Sterbende in die Zeitlosigkeit eintritt, wird er von den Engeln empfangen, die ihm die notwendige Sterbe- und Geburtsbegleitung geben.

Fazit: Im Falle eines plötzlichen Todes wird also sowohl die Sterbebegleitung als auch die Geburtsvorbereitung einerseits durch den Geist geleistet, der in der Stille auf unsere Seele einwirkt, andererseits durch die Engel, die uns zur Seite stehen.

Wenn der Verstorbene verwirrt ist

Manchmal gerät jemand, der plötzlich stirbt und niemals zuvor über die Möglichkeit eines Lebens nach dem Tod nachgedacht hat, in Verwirrung. Vollkommen unerwartet – infolge eines Herzinfarkts, eines Unfalls oder eines anderen unerwarteten Ereignisses – schwebt er über seinem Körper und blickt auf diesen herab. Er begreift meist nicht, was geschieht, und versteht nicht, dass er tot ist. Er merkt aber sehr wohl, dass die Menschen, die um seinen Körper herumstehen, ihn nicht hören und nicht spüren, wenn er versucht, sie zu berühren. Seine Hände greifen durch ihren Körper hindurch … Die Verwirrung des Verstorbenen ist in solchen Situationen verständlicherweise groß. Es kann dann wichtig sein, sich direkt an den Verstorbenen zu wenden und ihm ganz offen zu sagen, dass er sich zum Licht hin orientieren solle, da er nun verstorben und in eine andere Welt eingetreten sei. Meist wird sich der Verstorbene dieses Lichtes sehr schnell bewusst, sobald er darauf hingewiesen wird. Er kommt ganz automatisch in Bewegung und strebt mit großer Geschwindigkeit dem Licht entgegen.

Renée Zeylmans berichtet Folgendes: »Eine Frau erzählte mir, dass sie nachts deutlich die Anwesenheit ihres Bruders spürte. Er fragte sie in Panik: ›Wo muss ich hin?‹ Sie antwortete ihm: ›Suche das Licht.‹ Am nächsten Morgen ricf ihre Mutter an. Bevor ihre Mutter etwas sagen konnte, sagte sie: ›Mein Bruder ist verunglückt.‹ Aus diesem Grund hatte ihre Mutter sie auch angerufen …«[22]

Ich selbst habe so manches Mal einen Verstorbenen laut ins Licht gewiesen, weil ich merkte, dass er den Weg ins Licht nicht finden konnte und sich in großer Verwirrung befand. Auch meine eigene Schwester habe ich auf diese Weise nach ihrem Tod ins Licht schicken dürfen – und noch immer berührt es mich, wenn ich daran denke und vor mir sehe, wie sie sich daraufhin umgehend mit dem Licht verbunden hat und diesem mit Hochgeschwindigkeit entgegen schoss.

Es scheint, als entstünde in der Welt nach dem Tod bei immer mehr Menschen, die gerade verstorben sind, Verwirrung, weil sie keine Vorstellung mehr davon haben, wie das Leben auf der anderen Seite nach dem Tod weitergeht. Einer der Gründe, weshalb ich dieses Buch geschrieben habe, ist daher auch die Tatsache, dass so viele Menschen in der heutigen Zeit sterben, ohne auf das neue Leben in der geistigen Welt vorbereitet zu sein. Sie durchschreiten die Pforte des Todes, ohne zu wissen, was sie dann dort erwartet.

5.

Aufbau und Struktur des Menschen

Körper, Seele und Geist

Um verstehen zu können, welchen Pfad der Mensch nach seinem Tod beschreiten und welche Schritte er auf diesem Pfad setzen wird, ist es erforderlich, Aufbau und Struktur des Menschen zu kennen. Daher gehe ich in diesem Kapitel zunächst auf die Art und Weise ein, wie der Mensch aufgebaut ist, um daraufhin den Pfad zu beschreiben, auf dem der Verstorbene im Land auf der anderen Seite des Todes wandeln wird.

Beinahe jeder kennt wohl den Satz, wonach der Mensch aus Körper, Geist und Seele besteht. Doch nur noch wenige wissen, was wir uns unter diesen drei Elementen genau vorzustellen haben. Die Tatsache, dass wir einen physischen Körper haben, ist natürlich unstrittig. Doch was ist die Seele? Was ist der Geist? Und was ist eigentlich der Unterschied zwischen den beiden?

Die Begriffe »Körper«, »Seele« und »Geist« kommen direkt aus der Bibel. Paulus erwähnte sie in einem Brief, der in die Bibel übernommen wurde.[23] In den ersten Jahrhunderten des Christentums wusste man noch, was mit dieser Formulierung gemeint war, insbesondere in Kreisen des spirituellen oder esoterischen Christentums. In späteren Jahrhunderten jedoch – besonders nach der Ausrottung des esoterischen Christentums im 3. und 4. Jahrhundert – hatten die Kirchenväter das große Geheimnis, auf das Paulus hingewiesen hatte, vergessen und glaubten, der Mensch bestehe nur aus einem Körper und einer Seele. Die Tatsache, dass der Mensch darüber hinaus auch noch etwas vom Wesen Gottes selbst in sich trägt, nämlich einen Geist, war für sie unvorstellbar. Daher bestimmten sie auf dem Konzil von Konstantinopel, im Jahr 869, dass der Mensch nur einen Körper und eine Seele habe – der Geist wurde »gestrichen«. Nur noch in den geheimen oder im Untergrund aktiven Kreisen des esoterischen Christentums wurde das Wissen, auf das Paulus mit seinem Ausspruch hingewiesen hatte, sorgsam gehütet.

Aufbau und Struktur des Menschen laut der westlichen christlichen Esoterik

Die Aussage von Paulus wurde in der modernen Zeit, nachdem das esoterische Christentum endlich wieder in die Öffentlichkeit getreten war, auf folgende Weise ausgelegt – zur Verdeutlichung stelle ich die Einteilung des esoterischen Christentums direkt der von Paulus gegenüber:[24]

Paulus sprach über:	Das esoterische Christentum spricht über:
Den Körper	*Den physischen Körper und den Ätherleib*
Die Seele	*Den Astralkörper*
Den Geist	*Unseren göttlichen Kern, der auch »unser Selbst«, das »Ich«, unsere »Buddha-Natur«, »unser Höheres Selbst«, »der Geist« oder der »innere Christus« genannt wird.*[25]

Unser physischer Körper wird von einer ganz besonderen Energie durchströmt, die auch als »Prana« oder »Atem Gottes« bezeichnet wird und unseren physischen Körper am Leben erhält.[26] Diese Lebensenergie, auch »Lebenskraft« genannt, formt einen geistigen Körper, der etwas größer ist als der physische Körper – den Ätherleib. Es ist in der Tat unser zweiter Körper, wenn auch geistiger Natur. Das bedeutet Folgendes:

- Betrachtet man einen Toten, so sieht man einen Körper, der vom Ätherleib verlassen wurde.
- Betrachtet man jedoch einen Schlafenden, dann sieht

man einen physischen Körper, der von den Lebenskräften des Ätherleibs durchströmt wird.

- Betrachtet man einen wachen Menschen, dann sieht man einen Körper, der nicht nur vom Ätherleib, sondern auch vom Astralleib durchströmt wird, und dank dieses Astralleibes in Bewegung kommt. Außerdem handelt der Mensch im Wachzustand aus der Kraft seines Ichs heraus. Bei einem wachen Menschen wirken folglich alle vier Teile des Menschen aktiv in und an ihm.

Wir sprechen zwar vom Ätherleib, doch wir dürfen uns dabei nichts Materielles vorstellen: Es handelt sich um einen geistigen Körper. Das gilt auch für den Astralleib.

Beim schlafenden Menschen haben der Astralleib und der Geist die beiden anderen Wesensteile (den physischen Körper und den Ätherleib) verlassen: Sie unternehmen nachts eine Reise durch die geistige Welt. Allerdings bleiben sie mit dem schlafenden Körper auf dem Bett über die sogenannte *Silberschnur* verbunden, die auch in der Bibel erwähnt wird.[27] Solange diese Silberschnur intakt bleibt, können der Astralleib und der Geist am nächsten Morgen wieder in den physischen Körper und in den Ätherleib zurückkehren.

- Ein Mensch im Wachzustand verfügt folglich auch über einen Astralleib. Dieser macht ihm bewusst, was er empfindet: Schmerz, Hunger oder Durst beispielsweise. Wenn wir schlafen, wandert unser

Astralleib (zusammen mit dem Geist) aus dem Körper, und wir verlieren unser Wachbewusstsein.

- Neben diesen drei Körpern – dem physischen Körper, dem Äther- und dem Astralleib – trägt der Mensch auch noch den Geist oder das Ich in sich, das ihn von den Tieren unterscheidet, und mit dem er sein Leben lenkt. Wir werden uns in der heutigen Zeit bewusst, dass wir nicht nur über eine niedere Form des Ichs verfügen, das oft auch als »Ego« bezeichnet wird, sondern dass wir auch einen inneren Wachstumsprozess durchlaufen dürfen, bei dem sich unser Ich in eine höhere Form weiterentwickeln kann, durch die der Geist zu wirken vermag.

Bei einem Menschen, der ein Nahtod-Erlebnis hat, haben der Ätherleib, der Astralleib und der Geist den physischen Körper verlassen. Diese drei bleiben jedoch durch die Silberschnur mit dem physischen Körper verbunden. Solange die Silberschnur unversehrt bleibt, können diese drei Körper wieder in den physischen Leib zurückkehren. Der Tod tritt erst dann ein, wenn die Silberschnur durchtrennt ist.

Die Reise durch die geistige Welt nach dem Tod

Es gäbe natürlich noch viel mehr über den Aufbau und die Struktur des Menschen zu erzählen. Wer mehr darüber erfahren möchte, den verweise ich auf das Buch, das ich gemeinsam mit Margarete van den Brink geschrieben habe: »Begegnungen im Lichtreich«.[28] Doch ich hoffe, dass das bisher Gesagte ausreicht, um zumindest in Umrissen den Weg zu beschreiben, den die Verstorbenen nehmen.

Wenn der Tod näherrückt, beginnen die beiden geistigen Körper, der Ätherleib und der Astralleib, sich gemeinsam mit dem Geist – oder dem Ich – langsam vom physischen Körper zu lösen. Dabei beginnt der Ablösungsprozess unten am Körper, bei den Füßen. In der Folge schieben sich die beiden geistigen Körper (zusammen mit dem Geist) wie eine Hülle nach oben, um den physischen Körper letztlich über das Kronen-Chakra zu verlassen. (Manchmal verlassen sie den Körper auch über das Herz-Chakra). Arie Boogert berichtet hierüber:

»Beim Sterben beginnt es im Herzen hell zu werden, und in diesem Strahlen ziehen der Ätherleib, der Astralleib und das Ich über das Haupt des Verstorbenen aus seinem Körper hinaus.«[29]

Aus diesem Grund werden bei einem Sterbenden auch zuerst die Füße kalt: Sie werden nicht mehr von den Lebenskräften (vom Ätherleib) durchströmt. Welche Schlussfolgerungen man daraus für die Wiederbelebung des Sterbenden ziehen kann, erkläre ich im folgenden Kapitel.

Der Tod tritt ein, wenn die Silberschnur – die den Ätherleib, den Astralleib und den Geist auch nach ihrem Austritt aus dem physischen Körper noch mit diesem verbindet – durchtrennt wird. Dieser Prozess wird von helfenden Engeln begleitet, die beim Tod anwesend sind und – um ein menschliches Bild zu benutzen – als Hebammen in der geistigen Welt erscheinen.

Wenn der Tod eintritt, geschieht etwas Besonderes: Der Verstorbene sieht seinen eigenen Körper erstmals von außen und nicht über einen Spiegel oder über ein Foto. Dieser Moment hinterlässt beim Verstorbenen einen nachhaltigen Eindruck, besonders deshalb, weil sich der Verstorbene durch diesen Anblick bewusst wird, dass er nun am strahlenden Beginn eines neuen Lebens steht – eines neuen Lebens in der geistigen Welt, in der er frei von der Beengung und Einschränkung ist, die uns das irdische Leben in der Welt der Materie auferlegt. In diesem Augenblick kommt einem der Vergleich mit der Freude beim Anblick eines Sonnenaufgangs in den Sinn. Daher ist es ein Augenblick, der im Rückblick beim Verstobenen immer wieder Freude und Glück hervorruft.[30]

George Ritchie, ein amerikanischer Soldat, der ein sehr aufschlussreiches Nahtod-Erlebnis hatte, beschreibt den Moment, als er erkannte, dass er gestorben war, als Augenblick »bedingungslosen Friedens und würdevoller Wärme«. Er sah »eine Gestalt, deren Anwesenheit bedingungslose Liebe ausstrahlte«. Im Anschluss daran begann sein Lebenspanorama an ihm vorbeizuziehen.[31] Aufgrund dieser beiden besonderen Erfahrungen – des Herabblickens auf den eigenen Körper und der Begegnung mit der bedingungslosen Liebe in leibhaftiger Gestalt – sagte Rudolf Steiner: »Der Augenblick des Todes ist der schönste und herrlichste Moment im Leben auf Erden – der erhabenste Moment.«[32]

Das Sterbehoroskop

So ist der Moment des Todes – der Moment des Erwachens oder der Geburt in der geistigen Welt – also ein äußerst wichtiger Augenblick. Im gleichen Maße wie der Augenblick unserer Geburt wichtig ist, weil die gesamten Planetenkräfte in diesem Moment über den Stand der Sterne auf unseren Charakter und den Verlauf unseres Lebens einwirken, ist auch der Zeitpunkt unseres Todes ein wichtiger, ja sogar ganz entscheidender Moment. Die Planetenkräfte zu diesem Zeitpunkt sind für das weitere Schicksal des Verstorbenen in der geistigen Welt von großer Bedeutung. Die kosmische Konstellation der Todesstunde hat einen wichtigen Einfluss auf das Leben, das man nach dem Tod in der geistigen Welt führen wird.[33] Darüber hinaus hat der Zeitpunkt des Todes auch Einfluss auf unser nächstes Leben. Wilma ter Mull berichtet: »Ein Sterbehoroskop zeichnet einerseits ein Bild davon, wie das Leben, das zu Ende gegangen ist, zu sehen ist, und andererseits, welche Talente und Blockaden in das nächste Leben mitgenommen werden. Das Horoskop der Todesstunde bildet gleichsam eine Art Startschuss für ein darauffolgendes neues Leben.«[34]

So gesehen ist es verständlich, dass es für jeden Sterbenden einen Moment gibt, der für den Übergang in die geistige Welt ganz besonders geeignet ist – *die Sterbestunde.* Dies ist hier auf Erden der Moment, in dem das irdische Leben – aus geistiger Sicht – beendet ist. Das ist in vielen Fällen nicht der Moment, den der Sterbende selbst und auch die hinterbliebenen Angehörigen als gerecht empfinden: Aus irdischer Sicht kommt der Tod oft (viel) zu früh. Doch aus der geistigen Welt betrachtet – und auch aus der Sicht des großen göttlichen Plans, der uns hier auf Erden verborgen ist – kommt der Tod, wenn unser Leben vollendet ist. Er tritt ein, wenn wir die Lektionen gelernt haben, die wir lernen wollten, und der Erde und unseren Mitmenschen geschenkt haben, was wir ihnen schenken wollten. Doch auch wenn wir dies wissen, gerät unser Herz dennoch zuweilen hier auf Erden in Aufruhr, wenn wir für unser Gefühl zu früh von einem geliebten Menschen Abschied nehmen müssen: Unser Geist kann zwar begreifen, dass der Tod genau im richtigen Moment kommt, unsere Persönlichkeit jedoch nicht.

Es dürfte deutlich geworden sein, dass der richtige Moment zu sterben – als Ausgangspunkt für unser neues Leben auf der anderen Seite des Todes – mit in unserem Lebensplan enthalten ist. Diese Erkenntnis ist natürlich wichtig, wenn wir über die Frage nachdenken, ob wir auf die Euthanasie zurückgreifen sollen oder nicht, doch darauf komme ich später noch zurück. Dies alles bedeutet, dass wir nicht nur für einen lebenden Menschen ein Geburtshoroskop, sondern auch für einen Verstorbenen ein Sterbehoroskop erstellen können.

Die ersten drei Tage

Sobald die Silberschnur zerrissen und der Verstorbene vom physischen Körper befreit ist, tritt er in die – menschlich ausgedrückt – niederste geistige Welt ein, in die Welt, die sich unmittelbar an die materielle Welt anschließt. Es ist die ätherische Welt. Dort vollzieht sich ein ganz besonderes Ereignis: Der Verstorbene bekommt nämlich in großen Bildern das soeben vollendete Erdenleben nochmals vor Augen geführt. Stellen Sie sich das Panorama-Museum Mesdag in Den Haag/Holland vor: Die großen Gemälde von Scheveningen, von Den Haag, von der Sonne, vom Meer, vom Strand und von den Dünen, die rings um den Betrachter an der Wand im Kreis entlanglaufen. So etwa ergeht es auch dem Verstorbenen: Er sieht die Bilder seines Erdenlebens, das er soeben abgeschlossen hat, panoramaartig rings um sich herum. Es sind Bilder, die langsam größer werden und sich in den Vordergrund zu schieben scheinen, um dann wieder zu verschwimmen. Während sie verblassen, entstehen bereits wieder neue Bilder.

Zu diesem Bilderstrom gehören auch die Bilder jener Ereignisse, die der Geburt vorangingen: Der Abstieg aus der geistigen Welt und die wachsende Verbindung mit dem Körper, der sich im Mutterleib entwickelte. Auch die Bilder von der Geburt sowie die Bilder von ihm als Säugling, im Kindergarten und als Schulkind sind Teil dieses Lebenspanoramas. So verläuft der Strom der Bilder unaufhörlich weiter. Der Verstorbene bekommt alles, was im Lauf seines Lebens geschehen war, in einer Serie von großen, beeindruckenden Bildern gezeigt, denen er nicht entrinnen kann. Er muss sich alles anschauen. Auch die Bilder vom Sterbeprozess und vom Tod selbst scheinen zu diesem Rückblick zu gehören. Durch diese letzten Bilder wird sich der Verstorbene der Tatsache bewusst, dass er nun wahrhaftig gestorben ist und eine neue Lebensreise für ihn begonnen hat.

Eigentlich habe ich diese Bilderreise nicht korrekt beschrieben – so als würden die Bilder chronologisch aufeinander folgen. Doch im Grunde ist es so, dass alle Bilder oder Erinnerungen gleichzeitig da sind. Arie Boogert sagt daher auch, wenn er die Erfahrungen, die der Verstorbene in der ätherischen Welt macht, beschreibt, dass alle Erinnerungen gleichzeitig vorhanden sind und der Verstorbene sich mittendrin befindet.[35]

Dieser – erste – Rückblick auf das irdische Leben, auch »Lebenstableau« genannt, verläuft frei von jeglicher Bewertung. Es ist, als betrachte man einen anderen, einen Fremden oder Außenstehenden, dessen Leben man im Überblick gezeigt bekommt. Es ist gleichsam ein erster Überblick oder eine Art Zusammenfassung: »So verlief dein irdisches Leben, so hat es sich entwickelt, das hast du daraus gelernt, das wolltest du anderen schenken, und hier lagen deine ›blinden Flecken‹.« Dieser Überblick wird in gewissem Sinne als Ausrufezeichen hinter das soeben abgeschlossene Leben gesetzt.

Die weitere Reise des Verstorbenen

Für die Thematik dieses Buches, die Sterbebegleitung, ist der weitere Teil der Reise durch die geistige Welt nicht so wichtig. Daher möchte ich hier nur noch ganz allgemein beschreiben, was danach folgt.

Nach drei Tagen, wenn die Betrachtung des Lebenstableaus abgeschlossen ist, legt der Verstorbene auch den Ätherleib ab. Der Astralleib und der Geist steigen in die nächsthöhere Welt auf, in die Astralwelt.[36] Das Ablegen des Ätherleibes wird in der Bibel als »der zweite Tod« bezeichnet – besteht jener doch aus den Lebenskräften, die unseren physischen Körper am Leben hielten und folglich auch eng mit unserem physischen Körper verbunden waren.[37]

In der Astralwelt wird der Verstorbene wieder mit den Bildern seines Erdenlebens konfrontiert, nun jedoch auf eine andere Weise, als es in der ätherischen Welt der Fall war. Der Rückblick beginnt jetzt beim Moment des Todes und wandert dann Bild um Bild zurück bis zur Geburt und zum Abstieg aus der geistigen Welt. Doch darüber hinaus sieht der Verstorbene sein Leben nun aus der Perspektive der Gefühlswelt der anderen Menschen, mit welchen er im Leben zu tun hatte (… und folglich nicht aus der Sicht der eigenen Gefühlswelt heraus!). Was haben diese gefühlt und erlebt? Er durchlebt diese Gefühle der anderen ganz intensiv, als wären es seine eigenen Gefühle. Durch diese Betrachtungsweise erhält der Verstorbene ein zuverlässiges

Bild darüber, wer er denn nun eigentlich war und welche Bedeutung er für die anderen Menschen, für Tiere und das Leben auf Erden hatte – im guten oder im schlechten Sinne.

Dieser Aufenthalt in der Astralwelt dauert ungefähr ein Drittel der Länge unseres Erdenlebens, wobei der eine diesen Abschnitt viel schneller durchlaufen mag als der andere, je nachdem wie viel Selbsteinsicht und Selbstreflexion er sich auf Erden bereits zu eigen gemacht hat.

Am Ende des Aufenthalts in der Astralwelt legt der Verstorbene nun auch noch den Astralleib ab. Dann bleibt das übrig, was er in seinem tiefsten Inneren ist: Der Geist oder die Kraft vollkommenen Friedens und vollkommener Hingabe. Mit dem Astralleib lassen wir nämlich auch alle negativen Gefühle wie Angst, Kummer, Enttäuschung, Ohnmacht, Wut oder Ekel zurück. Nun ist der Verstorbene ganz er selbst geworden. Er ist der Mensch, der er in seinem tiefsten Inneren ist – der Geist. Daher kann er nun in die Lichtwelt eintreten, um seine Reise in dieser Welt fortzusetzen.

Erst später, meist viel später, beginnt er wieder mit einem Abstieg zur Erde. Dann verlässt er die Lichtwelt und steigt in die Astralwelt hinab. Dort erhält er zuerst einen neuen Astralleib. Daraufhin steigt er in die ätherische Welt hinab. Dort zieht er gleichsam automatisch die Kräfte an, die nötig sind, um einen neuen Ätherleib aufzubauen. Erst wenn der Verstorbene sich in diese beiden geistigen Körper eingehüllt hat, sinkt er zur Erde hinab, um in einen Körper zu inkarnieren, der im Leib seiner zukünftigen Mutter heranwächst. Dann folgt der Moment einer neuen Geburt auf Erden.

6.

Was der Sterbende an der Schwelle des Todes erlebt

Einblick in und Verständnis für die besonderen Erfahrungen eines Sterbenden

Da wir nun einen groben Überblick über die Lebensreise gewonnen haben, die den Verstorbenen auf der anderen Seite des Todes erwartet, können wir eine erste Antwort auf die Frage finden, welche Hilfe der Kranke denn nun eigentlich beim Sterben benötigt. Um eine richtige Antwort zu finden, ist es erforderlich, dass wir uns bewusst machen, welche Folgen die Ablösung der beiden feinstofflichen Körper – des Ätherleibs und des Astralleibs – von der physischen Hülle auf den Sterbeprozess hat.

Seit jeher ist es in der esoterischen Lehre bekannt, dass die Ablösung von der physischen Hülle zu paranormalen Erfahrungen wie Hellhörigkeit und Hellfühligkeit, manchmal sogar zu Hellsichtigkeit führt. Wir haben bereits festgestellt, dass manche Sterbende einen lieben Verstorbenen an ihrem Bett stehen sehen, der gekommen ist, um zu helfen – den Vater, die Mutter, ein Kind, eine Freundin oder einen Freund. Die Tatsache, dass Sterbende plötzlich die Fähigkeit zu hellseherischen Wahrnehmungen haben, ist die direkte Folge der Ablösung von ihrem physischen Körper. Normalerweise sind unsere feinstofflichen Körper eng mit unserem physischen Körper verbunden. In meinem Buch »Zehn Lebenslektionen für die Neue Zeit« (*Tien levenslessen voor deze tijd*) habe ich folgendes Bild benutzt: Stellen Sie sich einmal einen Taucheranzug vor, der ganz eng am physischen Körper anliegt. Stellen Sie sich dann vor, dass dieser Anzug zu »schlottern« beginnt und sich dadurch ein wenig vom physischen Körper löst.[38]

Dieses Bild verdeutlicht, was beim Sterben mit unseren geistigen Körpern geschieht: Sie beginnen, ein wenig zu »schlottern«, lösen sich also ein wenig vom physischen Körper, wodurch der Sterbende hellseherische Erfahrungen machen kann. Normalerweise schotten diese geistigen Körper oder »Taucheranzüge« die geistige Welt völlig ab. Beginnen sie jedoch zu »schlottern«, so wird es möglich, einige Eindrücke von der geistigen Welt zu erhaschen. Die Tür wird sozusagen einen Spaltbreit geöffnet.

Wir könnten daher auch sagen, dass der Sterbende dank dieses Prozesses vorab einen Blick auf jene Welt werfen darf, die ihn auf der anderen Seite des Todes erwartet. Folglich darf der Sterbende auch irgendwann einmal kurz die Wesen – Menschen und Engel – sehen, die ihn erwarten und ihm helfen, die Schwelle des Todes zu überschreiten. Deshalb können wir sagen, dass kein Mensch allein stirbt. Daher auch die vielen Berichte von Sterbenden über ein unglaublich intensives überirdisches Licht, über himmlische Musik, die sie tief berührt, über Engel, die an der Bettkante stehen, oder über die Anwesenheit von verstorbenen Familienmitgliedern.[39]

Familienmitglieder, die den Sterbenden mit all ihrer Verletzlichkeit und Liebe (und folglich in einer Atmosphäre von vollkommener Offenheit) versorgen, machen diesen Prozess manchmal unbewusst selbst ebenfalls mit. Auch bei ihnen lösen sich die geistigen Körper manchmal ein wenig, wenn auch nicht in dem Maße, wie der Sterbende das erlebt. Doch die Offenheit, mit der sie sich innerlich mit dem Sterbenden verbinden, hat zur Folge, dass sie, ebenso wie der Sterbende selbst, ein wenig von allen irdischen Verpflichtungen, von der Alltagsroutine und all dem, was sie sonst noch beschäftigt hält, frei werden. In dieser Grenzsituation, in der sie nicht mehr in einem starren Rahmen festsitzen, den ihnen die üblichen täglichen Beschäftigungen auferlegen, lösen sich auch bei ihnen die feinstofflichen Körper ein wenig, und viele von ihnen werden empfänglicher für die geistige Welt, die manchmal so deutlich spürbar um den Sterbenden herum anwesend ist.

Daher kann ein Hinterbliebener auch zurecht sagen, dass beim Tod seiner Ehefrau Engel ihr helfend zur Seite gestanden haben müssen, auch wenn er sie selbst nicht gesehen hat. Daher flüstern auch andere am Sterbebett automatisch und gehen auf Zehenspitzen, weil sie – meist unbewusst – spüren, dass sie in eine andere, heilige Atmosphäre eintreten, in der die Anwesenheit der geistigen Welt fühlbar ist.

Für die Menschen um den Sterbenden herum ist es wichtig, diesen Prozess zu begreifen, so dass sie einerseits offen für das sind, was der Sterbende an der Schwelle zwischen zwei Welten erlebt, und andererseits die Gefühle verstehen, die sie überwältigen.

Die Befreiung unserer Liebeskraft

Zu dem oben Gesagten möchte ich noch einen Hinweis ergänzen: Nicht jeder Sterbende ist imstande, die Engel und Menschen zu sehen, die kommen, um ihn abzuholen und ihn bei seinem Gang durch die Pforte des Todes zu begleiten. Man muss nämlich vorher bereits ein gewisses Bewusstsein für die geistige Welt und die geistigen Wesen (die Engel), die sie bewohnen, entwickelt haben. Hat man dieses Bewusstsein nicht, so ist man nicht imstande, die Engel zu sehen, die an der Bettkante stehen. Unsere geistigen Augen sind dann nicht geöffnet, und wir nehmen daher die Wesen der Liebe nicht wahr, auch wenn sie genau neben uns stehen.

In der Bibel wird dieses Grundprinzip – die Notwendigkeit eines inneren Bewusstseins für die Engel oder eine innere Sensibilität für die Welt der Liebe – in einer bekannten Erzählung bildlich zum Ausdruck gebracht, und zwar in der Geschichte vom reichen Mann und dem armen Lazarus. Sowohl der arme Lazarus (ein aussätziger Bettler) als auch der reiche Mann sterben.[40] Doch während über den armen Lazarus berichtet wird, dass er, als er stirbt, von den Engeln in sein himmlisches Zuhause, hoch hinauf in die Lichtwelt, getragen wird, wird von dem reichen Mann etwas ganz anderes erzählt. Von ihm wird gesagt, dass er, als er starb, nach seinem Tod, »als er in der Hölle und in der Qual war, seine Augen aufhob«. Es steht da nichts über eine Begegnung mit Engeln oder dass er in die Lichtwelt weggetragen wurde. Warum nicht? Weil der reiche Mann nicht imstande war, sie zu sehen. Die Engel standen zwar sehr wohl da, doch der reiche Mann erblickte sie nicht. Wie ist das möglich? Weil der reiche Mann nur für sich selbst gelebt und keine Liebe zu anderen Menschen entwickelt hatte. Was hier auf Erden nur im übertragenen, geistigen Sinne bestand, nämlich die Tatsache, dass der reiche Mann nur Augen für sich selbst und nicht für andere Menschen hatte, wurde in der geistigen Welt Realität. Dort sah er dann wirklich keinen anderen mehr, sondern nur noch sich selbst. Daher beginnt sein neues Leben auf tragische Weise: In einer düsteren Welt voller Einsamkeit (das *Totenreich* ist ein Begriff, der auf die niedere, dunkle Astralwelt hinweist).

Denken Sie nun bitte nicht, dass ich mit der Formulierung »ein Bewusstsein für die Engel und die geistige Welt« meine, dass man grundsätzlich an die Engel glauben muss, um sie im Sterben sehen zu können. Es geht nicht um einen bestimmten Glauben, sondern um ein offenes Herz.

Eigentlich ist sehr einleuchtend: Wer die Liebe kennt, ist offen für seine Mitmenschen und interessiert sich auch wirklich für das, was im Herzen der anderen vor sich geht. Man nimmt die anderen also richtig wahr. Man sieht dann beim Sterbenden folglich auch die Wesen, die nur noch reine Liebe sind – die Engel. Liebe erkennt Liebe ja auf Anhieb. Doch wer keine andere Liebe als die Selbstverliebtheit kennt, sieht auch während des herannahenden Todes nur sich selbst und keinen Engel. Es geht daher nicht um einen bestimmten Glauben, sondern um eine innere Öffnung für die anderen – in Liebe!

Das bedeutet, dass es wichtig ist, beim Sterben möglichst viel Bitterkeit, Verhärtung und negative Kritik aufzulösen, so dass sich unsere Liebeskraft – oder auch unsere Verletzlichkeit – entfalten kann. So können wir beim Sterben den Wesen der reinen Liebe begegnen und uns von ihnen leiten lassen. Zu einer sinnvollen Vorbereitung auf den Tod und das neue Leben auf der anderen Seite gehört es demnach auch, unsere Herzenskraft freizusetzen und mit allem aufzuräumen, was diese Kraft hemmt oder blockiert.

Fußmassage

Oft beginnen die feinstofflichen Körper sich bereits frühzeitig, während einer Krankheit – und folglich noch vor der Sterbestunde –, ein wenig zu lösen. Dadurch kann es ab und zu geschehen, dass der Kranke nicht mehr ganz im Hier und Jetzt anwesend ist, sondern Erfahrungen in der Astralwelt macht. Für die Umstehenden erscheint es dann, als sei der Kranke verwirrt. Doch im Grunde ist der Kranke in einem solchen Fall gar nicht verwirrt, er hat sich »nur« ein wenig vom physischen Körper gelöst und verweilt daher mehr in der Astralwelt als in der irdischen Wirklichkeit. Dabei geschieht es manchmal auch, dass der Kranke dunkle, bisweilen sogar bedrohliche Bilder sieht und sich in jener anderen Welt gefangen fühlt. Er hat sich einerseits zwar vom physischen Körper gelöst, kann sich andererseits aber nicht in die Lichtwelt begeben, weil er noch zu sehr mit dem physischen Körper verbunden ist. In einer solchen Situation kann es vorkommen, dass der Kranke unruhig oder sogar ängstlich reagiert, verwirrt erscheint und beispielsweise von bedrohlichen Gestalten berichtet oder andere albtraumhafte Erfahrungen macht.

Geschieht dies, so kann es heilsam sein, den Kranken wieder in seinen physischen Körper zurückzurufen. Dies kann beispielsweise über eine Fußmassage geschehen: Die Fußmassage zieht den Kranken wieder in den Körper zurück. Dem Kranken etwas zu essen zu reichen – falls dies noch möglich ist – kann ebenfalls hilfreich sein. Auch die (Verdauung von) Nahrung zieht den Menschen wieder in den Körper zurück. Gleiches gilt auch für Kaffee – Kaffee hat eine zusammenziehende Wirkung. Außerdem gibt es verschiedene homöopathische und anthroposophische Mittel, die dem Kranken helfen, sich wieder mit seinem physischen Körper zu verbinden. Im Allgemeinen ist es nicht nur klug, sondern sogar erforderlich, gemeinsam mit dem übrigen Pflegepersonal zu überlegen, ob Ihre Wahrnehmung stimmt und solche Maßnahmen in dieser Situation geboten sind: Das Erfassen der Situation sowie entsprechendes Fachwissen sind bei Maßnahmen wie dieser eine Grundvoraussetzung.

Massagen während des Sterbens

Auch während des Sterbens selbst kann die Fußmassage eine wichtige Rolle spielen. Warum? Beim endgültigen Sterben kann es geschehen, dass der Sterbende sich nochmals ganz in seinen Körper zurückzieht, um danach den großen Sprung in die geistige Welt zu tun. Man könnte es mit einem Sportler vergleichen, der zusammengekauert am Start steht – ganz eins mit seinem Körper. Wenn der Startschuss ertönt, schnellt er wie ein Katapult kerzengerade in die Höhe und beginnt zu laufen. So kann es geschehen, dass sich auch der Sterbende nochmals in seinen Körper zurückzieht, um von dort aus den großen Schritt in die geistige Welt zu unternehmen.

Manchmal stellen wir fest, dass Sterbende kurz vor dem Tod nochmals richtig aufleben. Es scheint, als ob es dem Sterbenden plötzlich ein Stück weit besser geht. Das rührt daher, weil er sich noch einmal, und dieses Mal das letzte Mal, vollständig mit seinem Körper verbindet, bevor er die Schwelle zur Welt auf der anderen Seite des Todes überschreitet. Es sind auch etliche Berichte von demenzkranken Menschen bekannt, die manchmal schon jahrelang dement waren, kurz vor ihrem Tod jedoch aus ihrer Demenz erwachten und alle möglichen Bemerkungen machten, an welchen sich ablesen ließ, dass sie – auch während ihrer Demenz – ganz genau wussten, wie es um sie stand. Kurz nach diesem »zeitweisen Erwachen« starben sie in praktisch allen Fällen, von welchen berichtet wurde. Auch hier handelt es sich um eine letzte vollständige Verbindung mit dem Körper kurz vor dem Tod.*

Manchmal geschieht es tatsächlich – etwa bei Kranken, die Morphium verabreicht bekommen – dass der Tod einfach nicht eintritt. Es scheint, als würde der Tod immer weiter hinausgeschoben. Außerdem kann man in solchen Situationen meist auch kein zeitweises Aufleben des Körpers oder einen letzten Rückzug in diesen feststellen. Das ist in den meisten Fällen verständlich. Morphium lockert die Verbindung zwischen dem geistigen und dem physischen Körper und wirkt, wie man sagt, »exkarnierend«. Dadurch kann es für den Sterbenden schwieriger werden, sich vor dem Tod noch einmal ganz in seinen Körper zurückzuziehen und sich damit zu vereinen, bevor er stirbt. Ist dies der Fall, kann es für den Sterbenden ganz hilfreich sein, wenn seine Füße massiert werden – das hilft ihm, in seinen Körper zurückzukehren, um sich nochmals voll und ganz damit zu verbinden. *Doch auch für diese Situation gilt: Handeln Sie nie überstürzt, sondern nur wohlüberlegt und in Rücksprache mit einem erfahrenen Pfleger, der mit derartigen Prozessen vertraut ist.*

---

* Vgl. dazu: Michael Nahm, *Wenn die Dunkelheit ein Ende nimmt*, Amerang 2012

Christa van Tellingen fasst dies so zusammen: »Der Sterbende kann erst dann ganz loslassen, wenn er vorher ganz mit seinem Körper verbunden war. Daher ist es auch enorm hilfreich, dass man, wenn jemand während des Sterbeprozesses kalte Hände und Füße hat, diese wieder aufwärmt. Eine einfache Methode, doch ein bewährtes Mittel.«[41] Als Erläuterung hierzu: Kalte Hände und Füße sind oft ein Zeichen dafür, dass jemand nicht ganz fest in seinem Körper verankert ist, sondern sich ein wenig davon gelöst hat. Das ist an sich überhaupt nicht schlimm, doch bei einem Sterbenden kann es ein Hinweis auf das oben beschriebene Phänomen sein.

Die Erinnerungen lösen sich

Mit der Ablösung der geistigen Körper geht noch etwas Weiteres einher: Der Ätherleib ist der Speicher unserer Erinnerungen. Sobald der Ätherleib ein wenig zu »schlottern« beginnt, lösen sich viele dieser Erinnerungen. Das bedeutet, dass automatisch alle möglichen Bilder von früher nach oben steigen. In gewisser Weise kann man dies als Vorbereitung auf das verstehen, was wir an den ersten drei Tagen nach unserem Tod erleben werden – das Aufzeigen unseres Lebenspanoramas. Doch hier auf Erden erhält der Kranke dank der Erinnerungen, die auftauchen, noch einmal die Gelegenheit, das, was unverarbeitet blieb, zu verarbeiten, um zur Einsicht zu kommen und beispielsweise Konflikte beizulegen.

Daher beginnen sehr viele kranke und sterbende Menschen verstärkt damit, in ihren Erinnerungen zu leben. Sie verlieren immer mehr das Interesse am normalen Alltagsleben, an der Zeitung oder am Fernsehen. Wenn ihre Erinnerungen nach oben steigen, ist es wichtig, dass der Sterbende von Menschen umgeben ist, die zuhören können, und dies auch wollen. Menschen, die verstehen, warum der Kranke nun in seinen Erinnerungen lebt, und die keine Angst vor Emotionen und altem Schmerz haben, der nach oben kommt. Ich erinnere mich an eine alte Dame, die vor sechzig Jahren ihr Kind verloren hatte. Niemals mehr hatte sie darüber gesprochen. Es war einfach zu schmerzhaft für sie. Doch nun, da sie im Begriff war, selbst zu sterben, und die Bilder vom Tod ihrer Tochter zurückkehrten, waren diese so eindringlich und so überwältigend, dass sie einfach darüber sprechen musste. Endlich konnten die Tränen strömen, die sie all die Jahre über so sehr unterdrückt hatte. Endlich konnte sie, dank der Tränen, auch den Tod ihrer Tochter annehmen – was sie bis kurz vor ihrem eigenen Tod nicht gekonnt hatte.

Es ist wichtig, dass diejenigen, die den Sterbenden pflegen oder regelmäßig besuchen, es wagen, Fragen zu stellen, so dass es auch wirklich zu einer Verarbeitung kommt, wenn er bei den auftretenden Erinnerungen innehält. Beispielsweise Fragen in der Art wie: »Hat die Erfahrung, von der du gerade berichtest, dein Leben verändert, und falls das zutrifft, auf welche Weise?« Oder auch diese: »Hast du das verarbeitet und dem auch einen Platz in deinem Leben gegeben?« Oder: »Hat sich dadurch deine Lebenseinstellung verändert?« Dies sind Fragen, die einem mitfühlenden, empathischen Herzen entspringen und den Kranken dazu bringen, darüber nachzudenken und darüber zu sprechen. Daher können Fragen wie diese den Kranken dazu bewegen, die Vergangenheit noch zu verarbeiten und damit ins Reine zu kommen.

Es dürfte deutlich geworden sein, dass diese Verarbeitung für die Seele wichtig ist: Je mehr verarbeitet und dadurch auch losgelassen wird, desto freier und leichter kann die Seele in die folgende Welt eintreten, da sie von schweren emotionalen Lasten erlöst ist. Dadurch kann sie auch als Geschenk an die geistige Welt mehr Weisheit und Einsicht in diese mitnehmen. Die Verarbeitung der Erinnerungen ist folglich für den Geburtsprozess der Seele – und des Geistes – wichtig. Zurecht stellt Hugo Verbrugh daher auch fest: »Mit dem Tod endet nicht nur die Biografie, sondern es setzt auch deren Verarbeitung ein.«[42]

Die Gabe der hellseherischen Wahrnehmung bei alten Menschen

Das hier Gesagte gilt übrigens nicht nur für Sterbende, sondern beispielsweise auch für alte Menschen. Wenn wir alt werden und unser Körper seine Vitalität und Spannkraft verliert, beginnen sich die feinstofflichen Hüllen ein klein wenig vom physischen Leib zu lösen. Mit zunehmendem Alter beginnt nicht nur die Haut unseres physischen Körpers Furchen und Falten zu entwickeln und hier und da schlaff zu werden, es lösen sich auch unsere physischen Körper ein wenig.

Die Dichterin Ida Gerhardt umschreibt das Altern folgendermaßen: »Eine letztes Aufleuchten der Augen, bevor die Dunkelheit der Nacht sie umhüllt – ein Panorama eröffnet sich.«[43] Dichterinnen und Dichter erspüren mit ihrem geschärften Wahrnehmungsvermögen, was anderen oft verborgen bleibt. Ida Gerhardt erkannte, dass alte Menschen bis über die Schwelle hinaus Dinge wahrnehmen und Erfahrungen mit der geistigen Welt machen.

Dadurch bekommen alte Menschen nicht nur eine spürbare Verbindung zur geistigen Welt und dürfen manchmal schon etwas von dieser anderen Welt wahrnehmen, sondern es bringt zugleich auch mit sich, dass bei alten Menschen immer mehr Erinnerungen hochkommen. Auch für den Umgang mit alten Menschen gilt, dass es bedeutsam ist, ihnen zu helfen, diese Erinnerungen als eine Möglichkeit zu betrachten, um noch zu verarbeiten, was unverarbeitet geblieben ist, sowie zu Einsichten über all die Dinge zu gelangen, die sie im Verlauf ihres langen Lebens schon gesehen, erfahren und mitgemacht haben. Die Tatsache, dass alte Menschen in einer Welt der Erinnerungen leben, scheint also einen tieferen Sinn zu haben. Auch für sie ist es wichtig, dass sie von Menschen umgeben sind, die den Geschichten, die sie immer erneut wiederholen, lauschen möchten, und die dabei so viel echtes Interesse aufbringen können, dass sie die richtigen Fragen stellen, die den anderen dazu bringen, sich auf die Suche nach dem Sinn dieser Erfahrungen zu machen.

7.

Die Sterbearbeit

Vergebung und Versöhnung

Wenn man, wie der Sterbende, an der Grenze zwischen zwei Welten steht und allerhand alte Erinnerungen auftauchen, kommt es natürlich auch vor, dass Empfindungen von Konflikten aufsteigen, die niemals gelöst wurden. Es kann auch geschehen, dass der Sterbende plötzlich das Gesicht einer bestimmten Person vor sich sieht, von der er sich aufgrund eines Streites schon länger zurückgezogen hatte. Früher gelang es ihm meist gut, Erinnerungen und Bilder wie diese zu verdrängen, denn man denkt nun einmal lieber an schöne Dinge als an schmerzhafte Erlebnisse. Doch jetzt, da sich die Erinnerungen nicht mehr verdrängen lassen, sondern unaufhaltsam nach oben steigen, weiß der Sterbende nicht immer, wie er damit umgehen soll. In diesem Fall kann ein vorsichtiger Wink von außen, von einem Familienmitglied oder vom Pflegepersonal, von großer Bedeutung sein: Der richtige Hinweis, um jetzt, da es noch möglich ist, diesen alten Konflikt anzusprechen und aufzulösen.

Von Angesicht zu Angesicht mit dem Tod, an der Grenze zwischen zwei Welten und durch einen Impuls aus der geistigen Welt in Stille versetzt, ist so mancher doch noch zur Vergebung und Versöhnung bereit. *Viele Sterbende fordern sogar die Möglichkeit einer Aussöhnung.* Es scheint, als würden andere, höhere Kräfte in der Seele des Sterbenden aktiv werden, die diesen dazu bringen, doch noch reinen Tisch zu machen. Daher kann das Wort eines Pflegers genau der entscheidende Impuls dafür sein, dass sich der Sterbende letztlich doch einen Ruck gibt und die Versöhnung tatsächlich anstrebt. Falls erforderlich, kann der Pfleger oder ein Familienmitglied die Person, mit welcher der Konflikt nun schon so lange besteht, ansprechen und im Namen des Sterbenden um ein Gespräch bitten.

Sterbearbeit in der Tradition des Buddhismus

Wer einmal den Blick für dieses Bedürfnis nach Heilung von verletzten oder zerbrochenen Beziehungen gewonnen hat, versteht sehr viel besser, warum die meisten religiösen Traditionen ihr Hauptaugenmerk auf die Sterbearbeit legen. Es ist die Aufgabe, die der Sterbende innerlich erhält, um das Gleichgewicht in seinem Leben zu finden; um dort, wo es möglich ist, doch noch zu einer Aussöhnung zu gelangen; um Gefühle wie Wut und Kummer zu überwinden und zur Dankbarkeit emporzuwachsen.

So wird auch in der buddhistischen Tradition besonders betont, dass es eine wichtige Aufgabe des Sterbenden ist, sich möglichst noch mit Menschen auszusöhnen, mit welchen er in Unfrieden gelebt hat.[44] Manchmal ist es freilich nicht möglich, ein (versöhnliches) Gespräch mit demjenigen herbeizuführen, von dem der Sterbende sich innerlich entfernt oder mit dem er in Konflikt gestanden hat, etwa weil der andere bereits verstorben ist oder zu weit weg wohnt. In diesem Fall empfiehlt die traditionelle buddhistische Lehre einen fiktiven Dialog: »Zuerst spricht sich der Sterbende selbst aus. Danach versetzt er sich in den anderen, stellt sich vor, wie der andere auf seine Worte reagieren würde, und spricht dann wiederum das aus. Anschließend gibt er sich selbst wieder eine Antwort, usw.«[45] Auch bei einem solchen fiktiven Dialog ist es möglich, zu einer Versöhnung zu kommen und die alten Gefühle von Groll, Schmerz und Wut loszulassen. Menschen, die einen solchen Dialog miterleben durften, waren tief beeindruckt davon, wie echte Aussöhnung entstand und Liebe und/oder Freundschaft hergestellt wurde. Dank dieser Versöhnung fällt eine Last von der Seele des Sterbenden, und er kann das irdische Leben leichter, im Vertrauen und mit Hingabe loslassen.

Im Buddhismus kennt man darüber hinaus die »Übung in liebevoller Freundlichkeit«, eine sehr wirksame Meditationsübung. Diese wird auch für Sterbende empfohlen. Der Sterbende sollte diese Übung folgendermaßen durchführen: »Erinnere dich so konkret wie möglich an die Liebe, die du in diesem Leben empfangen hast, die dich erwärmt und glücklich gemacht hat. Werde dir deiner eigenen Liebe bewusst und schenke diese dann den Menschen, die du liebst. Wenn du das innerlich so konkret wie möglich getan und dabei die Gesichter deiner Lieben vor dir gesehen hast, dann fahre mit dem nächsten Schritt fort und schenke den Menschen Liebe, die du nicht oder kaum kennst. Hast du auch diese Aufgabe so konkret wie möglich erfüllt – und dir dabei beispielsweise die glücklichen Gesichter dieser anderen Menschen vorgestellt – so widme dich dem nächsten Schritt und versuche, den Menschen Liebe zu schenken, über die du dich ärgerst, die du nicht magst oder auf die du vielleicht sogar böse bist. Auch jetzt stellst du dir so konkret wie möglich vor, wie dieses Geschenk auf diese Menschen wirkt.« Diese Übung hilft dabei, mit sich selbst, mit dem Leben und mit dem nahenden Tod ins Reine zu kommen.

Die traditionelle buddhistische Lehre macht den Tod nicht schöner, als dieser ist. Das Pflegepersonal des Sterbenden wird beispielsweise aufgefordert, sich in einer Visualisierung vorzustellen, dass sie selbst im Sterben liegen, um sich auf diese Weise bewusst zu werden, was es denn eigentlich bedeutet zu sterben. Es geht um den Schmerz, der manchmal unerträglich erscheint, um eine zunehmende Hilflosigkeit und um eine totale Abhängigkeit, den Verlust von allem, was einem lieb und teuer ist sowie um den Verlust der eigenen äußeren Würde. Doch, so sagt der Buddhismus weiter, das Leiden des Sterbenden kann auch durch die eigene Haltung des Sterbenden selbst verschlimmert werden. Widersetzt man sich seinem eigenen Schicksal, verstärkt man den Schmerz. Auch die Flucht vor dem Tod, der Rückzug in die Opferrolle oder wenn man sich der Ohnmacht und Verzweiflung hingibt – all dies hat großen Einfluss auf den Schmerz. Es verstärkt diesen erheblich. Daher ist es wichtig, dass der Sterbende lernt, sich selbst und das eigene Schicksal bedingungslos anzunehmen.

Gelingt dem Sterbenden dies, so kann er das auch mit einer anderen Übung noch vervollkommnen, um meditativ den inneren Wunsch im Herzen zu hegen und zu pflegen, dass sein eigenes Leiden zum Segen für andere Menschen werden möge. So kann der Sterbende zu einem Menschen reifen, dessen Leben und Leiden zu einer guten Tat für andere wird.

Im Buddhismus ist der Augenblick des Todes sehr bedeutsam, er bestimmt, wie das folgende Leben beginnt. Daher ist es wichtig, mit einem ruhigen Geist und von positiven Gedanken erfüllt zu sterben. Dann kann, so sagt der Dalai Lama, der Tod »ein potenzieller Quell von Trost oder sogar Freude sein«. In diesem Licht betrachtet, ist es verständlich, dass viele Buddhisten für sich persönlich die Euthanasie ablehnen und auch anderen von dieser meist abraten. Dennoch gilt für sie zugleich: Wenn sich ein Mensch trotzdem dafür entscheidet, ist das seine persönliche Freiheit. Man sollte nicht über andere urteilen. Das wichtigste Argument gegen Euthanasie lautet im Buddhismus, dass man einem Menschen damit die Möglichkeit nimmt, spirituell weiter zu wachsen und gut vorbereitet für die folgende Geburt zu sterben.

Sterbearbeit gemäß der traditionellen westlichen Lehre

Dank der Arbeit der schweizerisch-amerikanischen Psychiaterin und Thanatologin Elisabeth Kübler-Ross (1926-2004) hat die westliche spirituelle Betrachtungsweise des Sterbens großen Bekanntheitsgrad erreicht. Ihr berühmtes Buch »Interviews mit Sterbenden« erschien in den Niederlanden erstmals 1969 und machte auch hier großen Eindruck.[46] Es folgten seitdem viele Nachdrucke – bis heute. Mit diesem Buch legte sie den Grundstein für die modernen Erkenntnisse bezüglich des Prozesses, den die Sterbenden durchleben, und folglich auch bezüglich der Sterbearbeit. Sie beschreibt darin die fünf schon erwähnten Phasen, die Menschen, die sich auf den Tod vorbereiten, nacheinander durchmachen: Verleugnen, Zorn, Verhandeln, Depression und Akzeptanz. Folglich ist es möglich, in einer Haltung zu sterben, die von Akzeptanz und Ergebenheit geprägt ist, wenn man den Mut hat, sich mit offenem Herzen nacheinander durch diese Phasen hindurchzuarbeiten. Nach dem Tod von Kübler-Ross, im Jahr 2004, wurde ihr Werk von ihren Schülern und anderen Menschen fortgesetzt, die sich eng mit ihr verbunden fühlen, wie Marie de Hennezel und David Kessler.

Die Französin Marie de Hennezel erlangte mit ihrem Buch »Den Tod erleben« (*De intieme dood)* weltweite Bekanntheit.[47] Sie arbeitete als Psychologin auf der Palliativ-Station in einem Pariser Krankenhaus und begleitete Patienten in ihrer letzten Lebensphase. »Viele Menschen betrachten einen plötzlichen Tod als einen schönen Tod«, schreibt sie als Einleitung zu ihrem Buch, »aber gerade die letzte Lebensphase ist sehr kostbar, und es ist ein Privileg, diese als Zeuge miterleben zu dürfen.« Sie fordert den Sterbenden dazu auf, sich dem Tod nicht passiv hinzugeben, sondern sich die Sterbearbeit bewusst zu machen, die ihn erwartet. Für Marie de Hennezel besteht die Sterbearbeit unter anderem darin, »den Sinn des Lebens begreifen zu lernen«. Was hast du in diesem Leben erfahren? Was hat dein Leben bereichert? Was hat ihm Sinn gegeben? Und was hast du aus deinen negativen Erfahrungen gelernt?« Darüber hinaus betrachtet de Hennezel es als eine wichtige Aufgabe des Sterbenden, »zu lernen, die eigene Persönlichkeit anzunehmen und zu verstehen«. Warum bist du der Mensch, der du bist? Welches sind deine starken Seiten, welches sind deine Schwächen? Wie hast du gelernt, mit deinen Schwächen umzugehen?

Aufgrund ihrer Erfahrungen bei der Begleitung Sterbender wagt sie es, den Tod als Höhepunkt des Lebens zu bezeichnen. François Mitterand, der frühere Präsident Frankreichs, schreibt im Vorwort zu »Den Tod erleben«: »Die schönste Lektion dieses Buches ist die Erkenntnis, dass der Tod bewirken kann, dass ein Mensch zu dem wird, wozu er berufen worden ist – dass der Tod im wahrsten Sinne des Wortes auch die Vollendung sein kann.« Diese Erkenntnis scheint der heutigen Art und Weise des Umgangs mit dem Sterben und dem Tod im Westen geradezu diametral entgegengesetzt zu sein. Marie de Hennezel konnte dies schreiben, weil sie im Laufe ihrer Arbeit gelernt hatte –

so berichtete sie – dass der Mensch so viel mehr ist, als wir sehen, und dass es gerade beim Sterben darum geht, diesen verborgenen Menschen ans Licht zu bringen. Wer einen Sterbenden so betrachten kann, hat es auch wirklich gelernt, hinter die Äußerlichkeiten zu blicken.

Für Marie de Hennezel ist folglich die Zeit vor dem Sterben eine wichtige und äußerst sinnvolle Zeit – eine Zeit der Veränderung, in welcher der Sterbende jedoch sehr wohl Menschen benötigt, die sich um ihn kümmern, um derjenige zu werden, der er in seinem tiefsten Inneren ist. Deren Aufmerksamkeit, deren Wärme und Respekt sowie ihre Fähigkeit zuzuhören, was hinter den Worten verborgen liegt, können für den Sterbenden von unschätzbarer Bedeutung sein und es ermöglichen, dass er auch tatsächlich zu dem wird, der er im Grunde seines Wesens ist. Umgekehrt ist diese Erfahrung für den Pflegenden ebenfalls ein bleibendes Geschenk von unschätzbarer Bedeutung, das seine Betrachtungsweise von Leben und Tod für immer verändert.

Die fünf Phasen der spirituellen Aussöhnung

David Kessler wird allgemein als Nachfolger von Elisabeth Kübler-Ross betrachtet. Er hat in der letzten Phase ihres Lebens eng mit ihr zusammengearbeitet.[48] Auch er hält die letzten Tage, Monate und Minuten des Sterbenden für sehr bedeutsam. Doch, so sagt er, oft fühlt sich der Sterbende hilflos und weiß nicht, wie er mit dieser Zeit des Verfalls umgehen soll. Daher spricht Kessler in seinem Buch von den »fünf Phasen der spirituellen Aussöhnung« und bietet eine Beschreibung dieser fünf Phasen, so dass der Sterbende sich der Sterbearbeit bewusst werden kann, die ihn erwartet. Denn auch laut Kessler findet der Sterbende erst dann Frieden mit seinem eigenen Leben und kann in Ruhe sterben, wenn er sich mit all dem beschäftigt hat, was in seinem Leben noch unausgesöhnt und unausgesprochen geblieben ist. Doch wie beschreitet man diesen Weg der Aussöhnung?

1. Äußerung

Zuallererst müssen die negativen Gefühle von Wut, Neid und Hass geäußert werden. In dieser Phase braucht der Sterbende Menschen, die ihm zuhören, ohne zu urteilen, die heftige Emotionen nicht fürchten und dem Sterbenden helfen, sich allein im Gespräch der dunklen Gefühle bewusst zu werden, die in ihnen herrschen, indem sie »ganz einfach nur« die richtigen Fragen stellen – und zwar von Herzen.

2. Verantwortung

Nachdem sich der Sterbende von den negativen Emotionen befreit hat, die in ihm herrschen, indem er sie durchlebt und ausspricht – mit allen Emotionen, die dazugehören – ist Raum da für den nächsten Schritt. Der Sterbende kommt zu der Erkenntnis: »Ich kann dem Anderen keine Vorwürfe machen, ich bin selbst ebenfalls verantwortlich, genauso wie derjenige, auf den sich all meine Wut und mein Groll gerichtet haben.« Damit macht der Sterbende den Schritt aus der Opferrolle, in der er so lange festgesteckt hat.

3. Vergebung

Nun kann der Sterbende zur Vergebung übergehen und lernen, sowohl dem Anderen als auch sich selbst zu verzeihen. Dabei hat er manchmal das Bedürfnis, dem Anderen noch etwas zu sagen. Doch inzwischen ist dieser vielleicht bereits verstorben oder aus anderen Gründen nicht mehr erreichbar. In diesem Fall kann der Pfleger (oder ein Familienmitglied) die Rolle desjenigen spielen, dem der Sterbende Vergebung zuteil werden lassen möchte. Dabei handelt es sich um mehr als nur ein Spiel: Man könnte es ein heiliges Ritual nennen, das eine tiefe Wirkung auf den Sterbenden und oft auch auf denjenigen hat, dem Vergebung geschenkt wird, ohne dass überhaupt ein Wort gefallen ist. (Vergleichen Sie diese Sichtweise auch mit dem, was ich zuvor über den Buddhismus geschrieben habe).

4. Annehmen

Wenn der Sterbende aus der Tiefe seines Herzens heraus schließlich zur Vergebung gereift ist, ist es ihm möglich, sein Leben mit allem, was darin geschah, und allem, was er getan und nicht getan hat, anzunehmen. Er begreift: »Das war mein Leben, ein Leben mit all diesen dunklen, negativen Seiten, mit meiner Scham und meiner Schuld. Doch auch das war mein Leben: All die Liebe, die ich erhalten habe und die ich schenken konnte, sowie all die

Freude, die ich erfahren durfte. Wenn der Sterbende die Chance ergreift und sein Leben auf diese Weise annimmt, stellt sich automatisch die Erkenntnis ein: »So war mein Leben, und es war gut so.« So wird das Annehmen ein Annehmen in Frieden.

5. Dankbarkeit

Ist diese geistige Arbeit getan, so entwickelt sich aus dem Annehmen zugleich auch Dankbarkeit. Verwundert und dankbar beginnt der Sterbende zu begreifen: »Was habe ich nicht alles lernen und erfahren dürfen. Was habe ich nicht alles sehen dürfen. Wenn ich alle Lektionen meines Lebens betrachte und mir bewusst mache, was ich dabei alles gelernt habe, dann stelle ich fest: Ich bin hier nicht umsonst gewesen.«

Wenn der Sterbende auf diesem Weg die tiefe Wut, die anfangs in ihm herrschte, in Dankbarkeit verwandelt hat, ist die Sterbearbeit vollendet. Dann kann der Kranke in einer inneren Haltung des Staunens, des Vertrauens und der Hingabe sterben.

Allein schon dieser kurze Überblick über die Erkenntnisse von David Kessler macht deutlich, dass Sterbearbeit auch wirklich harte innere Arbeit bedeutet![49]

Die Sichtweise des esoterischen Christentums

Gemäß der Sichtweise des esoterischen Christentums hat die geistige Einstellung, mit der ein Mensch stirbt, sowohl großen Einfluss auf den Beginn des Lebens auf der anderen Seite des Todes als auch auf den Beginn des nächsten Lebens. Daher ist die Sterbearbeit eine wichtige und sinnvolle Arbeit, die im Grunde eine Geburtsvorbereitung ist. Dabei geht es darum, Einblick in das eigene Leben zu gewinnen, den tieferen Mustern, die ihm zugrunde liegen, auf die Spur zu kommen und noch nicht beendete Beziehungen zu heilen. Bei dieser Suche nach Einblick in das eigene Leben stellt sich automatisch die Frage, was man aus geistiger Sicht mit dem Tod hier auf Erden hinterlässt. »Auf welche Weise habe ich das irdische Leben bereichert? Inwieweit ist die Erde dank meines Einsatzes, meiner Begeisterung und meiner Lebensweise ein wenig besser und schöner geworden?«

Dabei ist es von entscheidender Bedeutung, dieses irdische Leben letztlich, wie es auch Kessler erklärt – in einer Stimmung der Dankbarkeit zu vollenden. Dankbarkeit ist die kleine Schwester der Liebe. So, wie die Liebe, öffnet auch Dankbarkeit unser Herz für das Wesen eines anderen Menschen. Daher ist es nicht nur die Liebe allein, sondern auch die Dankbarkeit, die uns unsere geistigen Augen für die Engel öffnet, die kommen, um uns zu begleiten, wenn wir das Tor des Todes durchschreiten.

Wenn der Sterbende auf diese Weise mit dem Sterbeprozess umgeht, kommt er zur Essenz der Selbsterkenntnis. Ein tieferer Kern seines Wesens, der im normalen Leben beinahe immer verborgen bleibt, wird dadurch ans Licht treten können. Sterbende können von den verborgenen Kräften, die in ihnen nach oben kommen, so berührt werden, dass sie manchmal selbst sagen, dass sie den Schmerz und das Leid, die dem Sterben vorausgehen, durchmachen mussten, um dieses Geheimnis erfahren zu dürfen. Eine Frau, die kaum mehr sprechen konnte, sagte: »Stoppt die Medikamente, ich erlebe den Schmerz anders als ihr, und ich will wach und bewusst hinübergehen.«[50]

Frederik van Eeden hat über den Tod seines Sohnes Paul berichtet: »Pauls Körper wurde allmählich immer aufgezehrter, und es gab kein Organ mehr, das am Ende noch richtig funktionierte. …. Doch bei Paul wurde der Geist in der Tat immer gesünder, feiner strukturiert, tiefer assoziierend, erhabener im Gefühl und höher entwickelt im Charakter, je weiter der Zerfall voranschritt.«[51] Es ist tief bewegend, dass ein Vater mit der Kraft seiner Liebe erfahren durfte, dass der Tod nicht nur den Tod des Körpers bedeutet, sondern auch die Vollendung des Wachstumsprozesses der Seele.

Die Begegnung mit Christus

Diese Betrachtungsweise des Todes führt auch zu einer tiefen Achtung vor der Sterbestunde selbst: Sie ist wahrhaftig eine Vollendung, und zwar eine Vollendung nicht nur des irdischen Lebens, sondern auch des Prozesses, im Verlauf dessen das tiefere Wesen des Menschen schrittweise ans Licht kommen darf. Außerdem darf der Mensch, der sich in seinem Leben dem heiligen Auftrag gewidmet hatte, an Erkenntnis und Liebeskraft zu wachsen, an der Schwelle des Todes dem Kosmischen Christus begegnen, dem Geist der vollkommenen Liebe, der sich einst – bei der Taufe im Jordan – in dem Menschen Jesus von Nazareth inkarniert hatte. Er ist es, über den auch Menschen mit einem Nahtod-Erlebnis berichten. Sie sagen, dass sie einer Gestalt aus reinem Licht begegnen durften, die eine solche Großartigkeit und Erhabenheit, zugleich aber auch eine solche Liebeskraft ausstrahlte, dass sie im gesamten weiteren Verlauf ihres Lebens stets eine tiefe Sehnsucht nach dieser Gestalt verspürten – nach dem Kosmischen Christus. In einem alten Kirchenlied wird diese Begegnung mit Christus besungen: »Mögest du, oh Jesus, nicht von mir weichen, wenn meine Todesstunde naht.«[52]

Gemäß dem Buddhismus verspürt der Mensch bei seinem Tod eine strahlende Gegenwart aus Licht. Der Dharmakaya (das göttliche Wesen) aus hellem Licht wird – in welcher Form auch immer – dem Verstorbenen in genau der richtigen Gestalt erscheinen, die der Verstorbene auch wiedererkennen wird. So wird er dem Buddhisten als Buddha erscheinen, dem Christen als Christus und dem Moslem als Mohammed.[53] Und in der Tat: Esoterische Christen kennen diese Gestalt aus hellem Licht als den Kosmischen Christus, der in vielen Religionen – sei es auch unter einem anderem Namen – bekannt ist.

Für das esoterische Christentum ist der Kosmische Christus auch der *Hüter des Karma*, der gemeinsam mit uns – direkt nach dem Tod – voller Liebe und Mitgefühl einen

Blick auf unser soeben beendetes Leben wirft und uns hilft, uns sowohl des Gewinns, den wir in diesem Leben davontragen durften, als auch der karmischen Lektionen bewusst zu werden, die uns noch bleiben und uns in den nächsten Leben erwarten werden. Arie Boogert berichtet davon: »Christus ist es, der dem Menschen die Auswirkung seiner Taten, die Folgen seines Tuns und Lassens, bewusst werden lässt, wenn dieser gerade an der Schwelle steht, um die Welt der Seele zu betreten. Immer mehr Verstorbene werden erleben, wie Christus ihnen zur Seite steht, wenn sie die Zeit der Läuterung und der Aussöhnung durchlaufen.«[54] Die Hilfe, die Christus uns schenkt, basiert auf vollkommener Liebe und Annahme und ist niemals verurteilend. Es ist eine Hilfe, die uns befähigt, zu aufrichtiger Selbsteinsicht zu finden, ohne dass wir uns selbst aufgrund der Fehler, die wir begangen haben, gleich als minderwertig verurteilen. Menschen, die ein Nahtod-Erlebnis hatten, beschreiben immer wieder die beeindruckende Liebe, mit welcher die Licht-Gestalt sie während des Rückblicks auf ihr Leben trägt. Sie ist die Liebe, die beim Sterben über uns wacht.

Die Begegnung mit Christus, dem Hüter des Karma, erfordert vom Sterbenden die richtige Seelenhaltung. Neben einer Haltung der Dankbarkeit gehört hierzu auch eine Grundstimmung von Vertrauen und Hingabe. Angst schottet uns ab und verschließt uns die Augen – Vertrauen hingegen wirkt entwaffnend und öffnet unser Herz für die Liebe, die uns erwartet.

8.

Die Sensibilität des Sterbenden steigt immer mehr

Nur mit dem Herzen

Im 6. Kapitel stellten wir fest, dass jeder Sterbende über eine erweiterte Wahrnehmung verfügt, sei diese hellsehender, hellhörender oder hellfühlender Art, sobald die beiden geistigen Körper – der Ätherleib und der Astralleib – beginnen, sich gemeinsam mit dem Geist vom physischen Körper zu lösen.

Dieses »Schlottern« der geistigen Körper, wie ich es bezeichnet habe, hat auch noch weitere Auswirkungen, beispielsweise den Effekt, dass die Sinnesorgane des Sterbenden immer sensibler werden. Das merken wir an der Tatsache, dass der Sterbende für Geräusche, Gerüche, Farben, Berührungen und Emotionen anderer (über-) empfindlich wird. Doch das ist noch nicht alles: Der Sterbende wird beispielsweise auch (über-) sensibel für die Gedanken seiner Mitmenschen.

Ein wenig kennen wir das vielleicht aus eigener Erfahrung: Manchmal wird man im Zuge einer Grippe oder einer anderen Krankheit (über-) empfindlich auf Geräusche und kann diese nur schwer ertragen. Geräusche, die einem sonst nicht einmal auffallen, können in diesem Zustand plötzlich irritieren, weil man darüber erschrickt und darunter leidet. Nimmt man diese Erfahrung und stellt sich vor, dass der Sterbende ähnlich empfindlich ist, jedoch mindestens um das Zehnfache verstärkt, so kann man sich in etwa vorstellen, was diese Empfindlichkeit für den Sterbenden bedeuten muss.

Besonders an den letzten Tagen vor dem Tod werden die Sinnesorgane immer empfindlicher. Diese Sensibilität scheint ihren Höhepunkt in den letzten Stunden vor dem Tod zu erreichen, wenn der Verfall des Körpers immer deutlicher sichtbar wird.

Im vorangegangenen Kapitel habe ich den Schriftsteller und Psychiater Frederik van Eeden erwähnt: Er gehört zu den »Achtzigern«, wie die Literaturströmung seiner Zeit genannt wird. Bereits vor langer Zeit schrieb er ein Buch über den Tod seines Sohnes Paul. Es erschien erstmals 1913 und ist eines jener Bücher aus alten Zeiten, die den Leser auch heute noch tief beeindrucken. Van Eeden gab diesem Buch den Titel »Pauls Erwachen« – ein Titel, mit dem er zum Ausdruck brachte, was sein eigener Sohn ihm im Sterben beigebracht hatte: Dass der Tod nicht das Ende ist, sondern ein Neubeginn und das Erwachen in einer anderen, höheren Wirklichkeit. In seinem Buch berichtet er auch, wie Pauls ausgeprägte Sensibilität am letzten Tag seines (irdischen) Lebens sichtbar wurde:

»In jenen Morgenstunden offenbarte sich das wunderbare Phänomen, dass sich beim Sterbenden alle Sinneseindrücke extrem verfeinern und verschärfen. Es war, als würde die Seele einen Körper von unendlich zarter und feiner Struktur annehmen. In Bezug auf Geschmack und Geruch schwebten Paul alle möglichen Erinnerungsbilder einer seltsamen Subtilität vor – auf Licht wurde er so empfindlich, dass er eine getönte Brille aufsetzen musste, während er zugleich alles, was um ihn herum geschah, genauestens wahrnahm. Er reagierte auf jede Bewegung und die leiseste Berührung, auf jedes geflüsterte Wort. Sein Gehör war so geschärft, dass er ein geflüstertes Gespräch, das ich mit dem Arzt in der hintersten Ecke des Raumes hinter einem Paravent führte, Wort für Wort verstand.«[55]

Es ist bewegend, dass ein Vater so feinsinnig spüren kann, was mit seinem sterbenden Sohn vor sich geht, und dies noch dazu in Worte fassen kann – eine Feinsinnigkeit, die ihn erkennen lässt, dass sein Sohn Paul immer stärker dazu übergeht, alles mit den Sinnesorganen seines geistigen Körpers wahrzunehmen, je mehr die Sinnesorgane seines physischen Körpers verfallen. »Man sieht nur mit dem Herzen gut. Das Wesentliche ist für die Augen unsichtbar«, sagte »Der kleine Prinz«. Frederik van Eeden hat den Beweis dafür erbracht, zu welch beeindruckenden Wahrnehmungen das Herz imstande ist.

Geräuschempfindlichkeit

Der Sterbende wird zuallererst empfindlich auf Geräusche, beispielsweise auf Stimmen, und auch auf alles, was in diesen Stimmen an unausgesprochenen Gefühlen durchklingt, auf Lärm von der Straße (der durch die geschlossenen Fenster nach innen dringt) und auf das Gelärme des Fernsehers (man denke an Reklameblöcke, die ganz plötzlich einen höheren Geräuschpegel einnehmen als das übliche Programm). Doch der Sterbende ist auch empfindlich auf Geräusche, die das Pflegepersonal meist nicht einmal bewusst wahrnimmt: Den Wasserstrahl im Waschbecken oder das Geräusch von quietschenden Schuhen.

Die Tür zum Krankenzimmer, die von einem Besucher ziemlich laut und fest zugemacht wird und dabei natürlich auch entsprechenden Lärm verursacht – was der Besucher selbst oft nicht einmal merkt – kann dem Sterbenden regelrecht Schmerzen bis in den physischen Körper hinein zufügen. »Es fühlt sich an«, berichtete ein Sterbender einmal, »als würde man geschlagen.« Ein anderer sagte: »Wenn eine solche Tür zuschlägt, fühlt sich das wie eine Ohrfeige an.« Manchmal kann man sogar beobachten, dass sich der Sterbende bei einem unerwarteten Geräusch zusammenkrampft. An einer solch spontanen, unbewussten Reaktion kann man ablesen, wie tief das Geräusch in ihn eindringt. Es ist wichtig, dies zu wissen und darauf Rücksicht zu nehmen. Ich habe Situationen miterlebt, bei welchen die Familie im Zimmer des Sterbenden ein- und ausging und einen Radiosender mit lauter Musik laufen ließ. »Denn«, so sagte eines der Familienmitglieder, »das liebte Mutter so, und sie hatte die Musik zu Hause auch immer an, wenn sie allein und mit dem Haushalt beschäftigt war.« Wie sehr man das verstehen kann und wie liebevoll das auch gemeint sein mag – die Mutter hat bestimmt gehörig darunter gelitten. Doch sie war schon zu weit aus ihrem Körper weggeglitten, als dass sie noch deutlich hätte zu verstehen geben können, dass man das lärmende Radio besser ausschalten sollte. Dass sie das belastet haben muss, steht eindeutig fest: Jeder Mensch wird viel sensibler, wenn sich die geistigen Körper im Sterbegeschehen lösen.

Auch das Stimmengewirr von streitenden Menschen auf dem Flur: Das kommt wirklich vor und kann für den Sterbenden äußerst schmerzhaft sein, vor allem auch dann, weil der Sterbende durch die negativen Energien, die in den Stimmen durchklingen, berührt wird.

»Es fühlt sich an, als würde man mir ein Messer ins Herz rammen«, sagte eine Sterbende einmal über den Streit, den zwei ihrer Familienangehörigen auf dem Flur miteinander hatten. So direkt dringen die negativen Energien in die Seele des Sterbenden ein. Der französische Komponist Jean-Philippe Rameau (1683-1764) soll zu dem Priester, der einen Psalm an seinem Sterbebett sang, als letzte Worte gesagt haben: »Aber Monsieur, wie können sie nur so falsch singen?«[56]

Beim Sterben bleibt das Gehör von allen Sinnesorganen am längsten intakt. Daher ist es wichtig, bei einem Kranken und Sterbenden niemals *über* den Betreffenden zu sprechen, sondern stets *mit* ihm. Das gilt auch für Menschen, die im Koma liegen. Mit großer Regelmäßigkeit gibt es Berichte von Menschen, die im Koma lagen und doch sehr wohl hörten, was die Menschen, die rings um ihr Bett standen, untereinander gesprochen haben.

Überempfindlich auf Farben und Gerüche

Sterbende können auch unter (grellen) Farben leiden. Es scheint, als würden sie sich mehr zu zarten Farben hingezogen fühlen, die die Sinnesorgane nicht reizen, sondern beruhigend wirken. Frederik van Eeden erzählt, dass sein Sohn Paul die Vielfalt an Farben immer weniger ertrug, je kränker er wurde. »Das Einzige, was er in seiner Nähe duldete, waren weiße Blumen ohne Duft. ›Die finde ich so schön!‹, flüsterte er. Als man ihm violette und gelbe Blumen dazwischen steckte, sagte er: ›Die hätte ich gern wieder rausgenommen gehabt, aber ich traute mich nicht, es zu sagen.‹ Er fürchtete, diejenigen zu kränken, die sie dort für ihn hineingesteckt hatten. Er wünschte sich weiße Blumen ohne Duft und hat sie bis zuletzt um sich gehabt. Sein Bedürfnis bedeutete, dass er nicht die weltlichen Farben wollte, sondern nur schöne, rein weiße. Er wollte sich auf eine höhere, feinere Sensibilität vorbereiten.«[57] Was wir über den sterbenden Paul erfahren, ist bewegend. Wir sehen, dass er nach Reinheit verlangt und ihn sowohl Gerüche als auch grelle Farben dabei stören, die vollkommen reine, saubere Welt zu erfahren, der er entgegenwächst und mit der er innerlich bereits in Verbindung steht, weil seine geistigen Körper bereits dabei sind, sich ein wenig zu lösen. Manche Sterbende haben am liebsten nur helle Wände in ihrem Raum. Andere möchten gern etwas sehen, ein Gemälde, einen schönen Druck oder etwas anderes, das ihnen guttut.

Auch Sterbende haben, wie alle anderen Menschen auch, wechselnde Wünsche. Stimmen Sie sich daher immer auf die Wünsche des Sterbenden ein und machen Sie das oben Stehende (»lieber keine grellen Farben«) nicht zur festen Regel. Seien Sie sich jedoch der Empfindsamkeit der Sterbenden bewusst, zu der oft auch eine Sensibilität für ausgeprägte Farben gehört.

Für das Pflegepersonal ist es wichtig, sich darüber klar zu werden, dass der Sterbende häufig auch Essensgeruch schwer erträgt. Lassen Sie den Küchengeruch daher lieber nicht bis zum Krankenzimmer vordringen. Er kann für den Sterbenden unerträglich sein. So können auch Aftershave und Parfüm den Sterbenden stören, ebenso wie ihm auch gutgemeinte Obstkörbe mit ihrem starken Geruch unangenehm sein können. Unsere Aufmerksamkeit im Umgang mit Schwerkranken fordert uns dazu heraus, uns dieser »kleinen« Dinge bewusst zu sein, die für den Sterbenden so wichtig sein können.

»Hören«, was der andere denkt

Sterbende werden so empfindsam, dass es vielen von ihnen, wie bereits erwähnt, möglich wird zu »hören«, was der andere denkt, ohne dass dies jemals laut ausgesprochen wurde. Sie entwickeln die Fähigkeit, mit ihrem Herzen zu lauschen, und können daher hören, was im Herzen des anderen vor sich geht. Der Dichter und Schriftsteller Stephen Levine führte einmal ein beeindruckendes Beispiel dafür an.[58] Levine ist Amerikaner, der sich schon jahrelang mit der Sterbebegleitung beschäftigt und unter anderem mit Elisabeth Kübler-Ross zusammengearbeitet hat. Er berichtet über eine Krankenschwester, die einmal ausprobieren wollte, ob es wirklich stimmt, dass Sterbende imstande sind, zu »hören«, was der andere denkt. Um dies zu erforschen, setzte sie sich eine Zeit lang jeden Tag immer wieder einmal eine Viertelstunde ans Bett eines besonders schwierigen Patienten. In Gedanken – also ohne Worte auszusprechen – erzählte sie dem Mann innerlich, wie er ihrer Meinung nach mit seiner Situation umgehen könne und wie er dem Tod entgegentreten solle. Eine Woche lang tat sie dies. Als sie nach dem Wochenende am Montagabend wieder ans Werk gehen wollte, kam die Oberschwester auf sie zu. Sie berichtete der Krankenschwester, dass der »schwierige« Patient ihren Besuch nicht mehr länger wünsche. »Warum denn nicht?«, fragte die Krankenschwester. »Er sagte«, war die Antwort der Oberschwester, »dass Sie zu viel reden.«

Dieses Beispiel zeigt, wie wichtig es ist, unsere Gedanken zu hüten, wenn wir als Pflegepersonal und als Besucher am Bett eines Sterbenden sitzen oder mit dessen Pflege betraut sind. Der Sterbende spürt unsere Gedanken genau, und sowohl unsere negativen als auch unsere positiven Gedanken haben direkte Auswirkungen auf den Sterbenden.

Die Berührung

Es dürfte deutlich geworden sein, dass der Sterbende auch die Art und Weise, wie wir ihn berühren, viel eindringlicher und subtiler als im gewohnten Leben spürt. Er spürt die innere Einstellung, mit der wir ihn streicheln oder berühren. Eine achtlose Berührung, die man ohne nachzudenken macht, kann dem Sterbenden daher Schmerz zufügen und ist ihm unangenehm. Legen wir hingegen in diese Berührung all unsere Liebe und Zärtlichkeit hinein, die wir für den Sterbenden empfinden, und berühren wir ihn folglich mit ganzem Bewusstsein, so wird dies für den Sterbenden angenehm sein. Mehr als jemals zuvor werden wir uns also klar werden müssen, was wir mit unserer Berührung mitteilen und damit zum Ausdruck bringen möchten.

Auch bei der Art und Weise, wie wir den Sterbenden berühren, während wir ihn versorgen, beispielsweise wenn wir ihn waschen, ihm das Haar kämmen, Wunden versorgen oder den Körper einreiben, ist äußerste Achtsamkeit geboten – eine Achtsamkeit, die dafür sorgt, dass alle unsere Handlungen von Wärme, Liebe und Respekt für den Sterbenden erfüllt sind. Unsere Berührung muss folglich aus Liebe heraus geschehen.

Andererseits darf unsere Berührung niemals besitzergreifend oder aufdringlich sein. Bei unserer Berührung muss für den Sterbenden spürbar sein, dass wir ihm voller Respekt alle Freiheit im Umgang mit seinem Tod lassen. So finden wir bei jeder konkreten Berührung die richtige Mitte. Wir strecken in Liebe die Hand nach dem Sterbenden aus, doch aus Respekt und Achtung vor dem Sterbenden sind wir bei unserer Berührung zugleich bescheiden und zurückhaltend. Renée Zeylmans hat dies auf beeindruckende Weise in Worte gefasst: »Berührung (…) beginnt mit einer inneren Bewegung. Aus dieser Berührtheit, aus diesem Erbarmen, aus dieser Liebe folgt dann die Berührung. So ist sie frei von Besitzergreifen, frei von Egoismus. Ansonsten ist sie unerträglich. Diese Berührung schafft eine optimale Verbindung in maximaler Freiheit.«[59]

Es kann sein, dass der Sterbende in den letzten Tagen und Stunden vor seinem Tod unsere Berührung nicht mehr (gut) erträgt. Er ist ja damit beschäftigt, sich von jedem und allem zu lösen, das zur irdischen Welt gehört, um sich auf seine Geburt in der geistigen Welt vorzubereiten. Aus diesem Grund kann eine Berührung in diesen letzten Tagen und Stunden den Ablösungsprozess erschweren. Sie ist für den Sterbenden daher keine liebevolle Hilfe, sondern für diesen Prozess nur hinderlich.

Bei sterbenden Kindern habe ich öfter miterlebt, dass ein Kind in jenen letzten Tagen zu seiner Mutter und/oder zu seinem Vater sagte: »Jetzt darfst du mich nicht mehr berühren. Nur noch, wenn ich es dir erlaube.« Für die Mutter und den Vater war diese Bitte sehr schmerzhaft. Daher war es wichtig, ihnen zu erklären, warum ihr Kind diesen Abstand benötigte. Dann konnten sie diesen Wunsch in Liebe annehmen, auch wenn der Schmerz blieb. Ein Kind wirklich loszulassen, tut immer sehr weh.

9.

Denkanstöße für Pflegepersonal und Familienangehörige

Sie müssen an der Aufgabe wachsen

Wer Sterbende versorgen und begleiten darf, scheint zunächst mit einer Aufgabe konfrontiert zu werden, die nicht zu meistern ist. Doch trotz allem erweist sie sich später meist als eine Aufgabe, die unser Herz und unsere Seele, unser gesamtes Wesen, in Bewegung bringt und uns in raschem Tempo geistig wachsen lässt. Als ich meinen Beruf als Krankenhauspfarrer aufgab, sagte ich damals unter anderem in meiner Abschiedspredigt, dass ich meinem Empfinden nach mehr bekommen als gegeben und in meinen Jahren als Pfarrer im Krankenhaus mehr gelernt hätte als in all den Jahren meines Theologiestudiums an der Universität.

Eines der ersten Dinge, die man von einem Sterbenden lernt, ist es, der eigenen Sterblichkeit in die Augen zu schauen. Heute ist es der Andere, für den wir sorgen dürfen, der stirbt. Doch es wird der Moment kommen, in dem wir selbst in der Rolle des Sterbenden sind. Denn für jemanden, der sich vorher nie bewusst Gedanken über das Sterben und den Tod gemacht hat, ist das eine harte Konfrontation. Wer sich jedoch nicht selbst in die Rolle des sogenannten »Experten« zurückzieht, sondern den Sterbenden als den eigenen Lehrmeister betrachtet, wird eine Erkenntnis nach der anderen als Geschenk erhalten. Keiner von uns ist ja auf dem Gebiet des Sterbens Experte: Wir wissen erst, was Sterben bedeutet, wenn wir selbst im Sterben liegen und an der Schwelle der Pforte des Todes stehen. Wer sich das bewusst macht, wird den Sterbenden aus einer Haltung der Bescheidenheit heraus versorgen und ihn als Lehrmeister betrachten. Doch diese Bescheidenheit ermöglicht es uns, an der Aufgabe zu wachsen, die uns anvertraut worden ist. Wer erkennt, dass er nichts weiß, wird Wissen erhalten, doch wer glaubt zu wissen, wird niemals empfangen.

Sie entwickeln ein neues Sinnesorgan

Wenn Sie mit offenem Herzen und in aller Verletzlichkeit Liebe und Leid mit dem kranken und sterbenden Menschen teilen, lernen Sie auf besondere Weise, dem Sterbenden zuzuhören und sich in ihn einzufühlen. Sie spüren, wie er immer mehr Verbindung mit der anderen Welt, der geistigen Welt, bekommt. Sie spüren, wie er gleichsam aus der Welt des Alltags in die Welten weggleitet, die uns normalerweise verborgen sind. Sie spüren, welche Art der

Fürsorge und Aufmerksamkeit der Sterbende benötigt, und Sie erspüren, in welcher Sphäre er nun lebt.

Wenn man sich aufmerksam einfühlt und lauscht, geschieht etwas Besonderes: In Ihnen, als demjenigen, der so eng mit dem Sterbenden verbunden ist, wächst gleichsam ein neues Sinnesorgan heran – ein Sinnesorgan, das es Ihnen ermöglicht, die inneren Bedürfnisse des Sterbenden wahrzunehmen und zu lauschen, was er aus dieser anderen Sphäre mit Ihnen teilen möchte. Es ist ja keineswegs selbstverständlich, dies hören und wahrnehmen zu können. Dazu bedarf es einer bestimmten Fähigkeit, über die wir noch nicht verfügen, die sich jedoch in uns noch entwickeln kann, eine Fähigkeit, die unserem Leben eine ganz neue Dimension verleiht und es uns ermöglicht, die eigentlichen Dinge hinter den Ereignissen zu sehen und/oder zu spüren.

Ein Gefühl für die Bildersprache entwickeln

Im 4. Kapitel habe ich von der Symbolsprache der Kinder gesprochen, von der Tatsache, dass sie das Wort »Tod« meist nicht benutzen, sondern stattdessen einen Schmetterling zeichnen oder ganz beiläufig sagen: »Wenn ich bei Oma (die bereits gestorben ist) bin.« Oder: »Wenn ich dann ein Engel bin.« Doch nicht nur Kinder benutzen diese Bildersprache. Auch Sterbende benutzen eine solche Sprache, um Erfahrungen anzudeuten, die sie mit der anderen Welt machen, die für sie so nah ist. Es ist für das Pflegepersonal und die Familienmitglieder wichtig, sich dieser anderen

Sprache bewusst zu werden und zu lernen, sie zu verstehen. Ich möchte hierfür einige Beispiele anführen:

- Eine sterbende alte Dame rief immer wieder: »Ihr habt mich aus meinem Haus geholt, das ist unfair!« Mit diesen Worten drückte sie ihre Angst vor dem Tod aus. Sie wollte wissen, ob auf der anderen Seite wohl für sie ein Haus bereit stünde. Sobald man ihr das bestätigte, fand sie Ruhe und konnte in Frieden sterben.
- Ein sterbender Mann sagte verwundert: »Die Mauern sind ja wie Gardinen. Man kann durch sie hindurchlaufen.« Ein solcher Ausspruch zeigt, dass der Sterbende schon mehr in der geistigen Welt verkehrt als in der irdischen Wirklichkeit. Für jemanden, der in geistigen Sphären lebt, hat die Materie ihre Festigkeit verloren. Sie ist zu etwas geworden, durch das man hindurchgehen kann.
- Eine Frau, die aus einer Ohnmacht erwachte, sagte ganz verwundert: »Wir sind ja alle eins!« Sie hatte offensichtlich, so zeigt sich an ihren Worten, erfahren dürfen, dass es in der geistigen Welt keine Trennung gibt, sondern nur Verbundenheit in Einheit.
- Ein anderer sagte kurz vor dem Sterben: »Schauen Sie, Schwester, schauen Sie doch, dort am Fußende steht ja ein Paar neue Schuhe für mich bereit.«[60]
- Wieder andere sagten: »Ich muss die Landkarte suchen, sonst finde ich nicht nach Hause.«

- Oder: «Schaut mal hin – mein ganzes Leben ist dort am Fußende.«[61]

Bedingungslose Liebe und Akzeptanz

Der Sterbende spürt mit seinem geschärften Einfühlungsvermögen unfehlbar, ob das Pflegepersonal und die Familienangehörigen um ihn herum verstehen, was er erlebt und was in ihm vor sich geht. So oder so fühlt sich der Sterbende ganz einsam, weil er derart ungewohnte Erfahrungen macht, die im normalen Leben schlichtweg nicht möglich sind. Doch wenn er dann auch noch erleben muss, dass diejenigen, die um sein Bett herumstehen, nicht die geringste Vorstellung von dem haben, was er erlebt oder sagen möchte, schreit ihn die Einsamkeit förmlich an: Noch gibt es keine Verbindung zu denjenigen (Engeln und verstorbenen Familienmitgliedern), die kommen, um ihn abzuholen und ihn weiter begleiten werden, und zugleich spürt er, wie die Verbindung zu seinen lieben Hinterbliebenen abbricht. Er fühlt sich dadurch wie in einer Art Niemandsland. Daher brauchen Sterbende unbedingt Pflegepersonal und Familienmitglieder, die versuchen, sich in das hineinzuversetzen und einzufühlen, was sie erfahren. Bedingungslose Liebe, die den anderen auch ohne irgendwelche Vorurteile annimmt, kann die schmerzliche Einsamkeit, die der Sterbende verspürt, lindern.

Unsere Rolle als Geburtshelfer

Arie van Buuren begleitete seine Frau im Sterben. Er schreibt: »Wie ein Geburtshelfer habe ich Yvonne auf ihrem Weg auf die andere Seite begleitet.«[62] Weil er innerlich seiner Frau die Hand entgegen streckt und sie auf ihrer Reise so weit wie möglich begleitet, kann er, so sagt er, die »Ewigkeitsdimension des Lebens« erfahren. Er fühlt sich in eine andere Wirklichkeit emporgehoben. Dadurch wird es ihm möglich, in seiner Frau Yvonne »eine Gestalt der Liebe und der Heiligkeit« wachsen zu sehen – ihr tieferes, ihr eigentliches Ich.[63]

Das ist es also, was geschieht, wenn man dem Sterbenden in einer Haltung von bedingungsloser Liebe auf seinem Weg beisteht. Man beginnt dann allmählich zu erfahren, dass man nicht nur Weggefährte beim Sterben, sondern auch bei der Geburt des eigentlichen, verborgenen Wesens des Anderen ist, das in diesen letzten Tagen so spürbar immer stärker ans Licht tritt. Man spürt außerdem, dass man selbst auch diese andere Welt ein wenig streifen darf, die für uns normalerweise hermetisch abgeschlossen ist – die Welt, mit der sich der Sterbende immer mehr verbindet.

Die Schattenseite

Manchmal kommt es vor, dass während dieses Prozesses, bei dem die innere Schönheit des Sterbenden Schritt für Schritt ans Licht tritt, plötzlich eine dunkle Seite nach oben kommt. Dann kann es passieren, dass der Sterbende aggressiv wird, das Pflegepersonal beschimpft, unvermittelt grundlos wütend wird oder sogar gemeine Dinge sagt. Diese negative Stimmung kann einige Stunden, ja sogar einige Tage anhalten und dann genauso plötzlich, wie sie gekommen ist, wieder vorüber sein. Für die Umstehenden kann dies eine schockierende Erfahrung sein, vor allem, wenn sie nicht darauf gefasst sind, dass so etwas eintreten kann. Was ist die Ursache dafür?

Wenn ein Mensch stirbt, stirbt nicht nur sein Körper. Mit dem Tod des Körpers lösen wir uns ja auch von den dunklen Seiten unserer Persönlichkeit. Diese dunkle Seite, auch unsere »Schattenseite« genannt, weiß, dass ihre letzte Stunde geschlagen hat. Sie gerät dadurch in Aufruhr und tritt in Aktion. Sie verdrängt das neue, verborgene Ich oder auch »Höhere Selbst«, das ans Licht treten will, um selbst die Regie übernehmen zu können. Doch sehr schnell wird die Schattenseite ausgelöscht, und das eigentliche Ich oder Höhere Selbst kann wieder zum Vorschein kommen.

Der Begriff »Schatten« wurde von C.G. Jung eingeführt. Er meinte damit die dunklen und verdrängten Seiten unserer Persönlichkeit. Schon im esoterischen Christentum hieß es, dass sich bei einer solchen Erfahrung der »Doppelgänger« oder »Hüter der Schwelle« meldet. Der Doppelgänger wird als die Verkörperung all dessen betrachtet, was wir in unserer heutigen sowie in all den vorangegangenen Inkarnationen taten oder unterließen – wahrlich eine düstere Gestalt. Nicht bei jedem Sterbenden tritt der Doppelgänger offensichtlich in Erscheinung. Es kommt jedoch schon so oft vor, dass es gut ist, darauf vorbereitet zu sein.

Siegwart Knijpenga sagt über diese Erfahrung: »Jeder kennt die unangenehmen Seiten des Charakters eines Menschen. Meist sind sie mehr unterschwellig vorhanden, doch manchmal tauchen sie plötzlich auf. Diese Eigenschaften scheinen eine Art Schatten des Menschen zu sein. Diese Schattengestalt (...) scheint den Augenblick des Todes zu meiden und sich daher Tage oder Stunden vorher zurückzuziehen. Auch das gehört zur Vorbereitung auf den Tod.«[64]

Angst

Der Sterbende muss seine alte, vertraute Welt loslassen, um in eine unbekannte Welt einzutreten. Auch muss der Sterbende seinen physischen Körper loslassen – seinen vertrautesten Weggefährten in diesem Leben auf Erden. Selbstverständlich ruft der Verlust all dieser Dinge Angst hervor. Aufgrund dieses Verlustes von Halt und Sicherheit durchlebt jeder Sterbende auch Gefühle der Angst. Diese Angst mag beim einen freilich viel ausgeprägter sein als beim anderen. Es kommt jedoch regelmäßig vor, dass ein Sterbender aus purer Angst heraus lauthals aufschreit.

Was in solch einer Situation helfen kann, ist ein Gebet, sofern der Sterbende ein gläubiger Mensch ist. Ist er dies nicht, so können die Menschen, die ihn pflegen, still für ihn beten. Insbesondere das »Vater Unser« (das ich persönlich lieber »Das Mutter-und-Vater-Unser« nenne) hat große Kraft und ist imstande, Ängste zu lindern. Falls wir selbst nicht imstande sind, ihm die Angst zu nehmen – und das sind wir im Normalfall in derartigen Situationen auch nicht – können wir Hilfe aus der geistigen Welt in Anspruch nehmen, um Erleichterung zu bringen. Bedingung dafür ist natürlich, dass wir ein solches Gebet mit offenem Herzen aussprechen. Wer dies, so wie ich das auch durfte, öfter getan hat, wird von den Kräften tief berührt werden, die dann spürbar in Bewegung kommen und Trost, Ruhe und Akzeptanz bewirken, wo wir selbst vollkommen machtlos daneben stehen. Eine solche Erfahrung ist eines der Geschenke, die Menschen in solchen extremen Augenblicken des Lebens empfangen dürfen.

Es kann den Sterbenden auch beruhigen, wenn man ein vertrautes Lied singt. Es ist beeindruckend mitzuerleben, wie speziell gesungene Worte wieder Ruhe und Vertrauen bringen können, wenn das gesprochene Wort ihn nicht mehr erreichen kann.

Allein sein

Manchmal haben Sterbende das Bedürfnis, allein zu sein, um in aller Stille über Bilder und Erinnerungen, die nach oben kommen, nachzudenken oder diese nochmals emotional zu durchleben. Manchmal hingegen fürchten die Sterbenden auch das Alleinsein und suchen Menschen, die um sie herum und an ihrem Bett sind. Es erfordert vom Pflegepersonal und von den Familienmitgliedern besonderes Fingerspitzengefühl, um zu erkennen, wann der Sterbende allein sein will und wann nicht.

Manche Menschen möchten auch allein sterben. Es kommt regelmäßig vor, dass die Familie nach vielen Stunden ununterbrochener Wache einen Kaffee in der Küche oder im Restaurant des Krankenhauses trinken geht, und der Kranke ausgerechnet in dieser kurzen Zeit stirbt. Nun, da der Sterbende nicht mehr durch die Liebe seiner Familienangehörigen, die an seinem Bett sitzen, festgehalten wird, kann er endlich den letzten Schritt tun. Oft habe ich bei meiner Arbeit im Krankenhaus gemerkt, dass sich Familienmitglieder schuldig fühlten, weil ihr geliebter Angehöriger verstarb, sobald sie den Raum verlassen hatten. Ich habe von Sterbenden gelernt, dies anders zu betrachten – und zwar als eine Art Liebesbeweis. Denn die Liebe zu seinen Hinterbliebenen hält den Sterbenden auf der Erde fest. Daher muss er oft auch allein sein, um sterben zu können.

Als der berühmte Mystiker Jakob Böhme (1575-1624) im Sterben lag, war sein Krankenzimmer mit Menschen gefüllt. Daher sagte Böhme: «Dreht mich zur Wand um, eure Augen halten mich hier fest.« Kurz nachdem man ihn auf die Seite gedreht hatte, verstarb er. Dieses Beispiel verdeutlicht, dass ein Sterbender oft auch einfach der Stille bedarf und allein sein muss, um den letzten Schritt tun zu können.

10.

Die Sterbestunde

Wer kennt die Stunde des Todes?

Vom irischen Heiligen Kolumban, er war Abt des Klosters auf der Insel Iona und starb im Jahr 597, ist bekannt, dass er wusste, wann er sterben würde. An einem Samstag sagte er zu seinen Mitbrüdern: »Heute ist Sabbat, Ruhetag, und auch für mich wird dies ein Ruhetag sein, denn morgen wird mein Werk vollendet werden, und ich werde mich zur Ruhe begeben.« Als es Mitternacht wurde und es Zeit war, dem Nachtgottesdienst beizuwohnen, kniete Kolumban neben dem Altar nieder und verstarb.[65]

Auch Benedikt von Nursia, der Stifter des Benediktiner-Ordens (489-547), wusste, wann er sterben würde. Sechs Tage vor seinem Tod trug er seinen Mönchen auf, das Grab, das für ihn bestimmt war, schon einmal zu öffnen. Danach überkam ihn hohes Fieber, und er verstarb nach wenigen Tagen im Kreise seiner Klosterbrüder.

Auch Johannes, der Evangelist und Verfasser der »Offenbarung des Johannes«, kannte seine Todesstunde. Er lief eines Sonntags durch die Kirche nach vorn zu einem offenen Sarg neben dem Altar. Dort angekommen, legte er sich im Sarg nieder und tat seinen letzten Atemzug. Im gleichen Moment war der gesamte Kirchenraum von einer strahlenden Lichtwolke und einem unbeschreiblich süßen Duft erfüllt.[66]

Im 4. Kapitel haben wir bereits festgestellt, dass Menschen, die plötzlich sterben, unbewusst dennoch um ihren nahen Tod wissen. Andere haben eine Vorahnung. Eine Frau erzählte: »Ab dem Augenblick, da wir einander kennengelernt hatten, sagte Adrie zehn Jahre lang, dass er nicht älter werden würde als vierzig Jahre. Ich lachte ihn dafür immer ein wenig aus. Als er vierzig wurde, sagte er: ›Ich habe mich doch schön daran gehalten.‹ Zwei Wochen später war er tot.«[67] Ein Mann, der an Anfang dreißig war, sagte während einer Reihe von Gesprächen über sein Leben immer wieder, obgleich er keinerlei triftige Gründe dafür hatte, dies zu behaupten: »Ich schaffe die fünfunddreißig nicht, ich werde jung sterben.« An seinem vierunddreißigsten Geburtstag starb er an einem Herzinfarkt.

Unser höheres Selbst weiß es

Wie kommt es, dass Menschen wie Benedikt, Johannes und Kolumban ihre Todesstunde kannten? Das rührt einfach daher, weil ihr Höheres Selbst das wusste. Bei jedem von uns kennt unser Höheres Selbst die Stunde unseres

Todes. Doch bei den meisten von uns bleibt das Wissen unseres Höheren Selbst unbewusst und sickert nicht in das Tagesbewusstsein unseres Egos ein. Nur ab und zu dringen gleichsam Lichtfunken aus dem Höheren Selbst bis auf die Ebene unseres Egos durch. Dadurch kann es geschehen, dass jemand weiß, dass er nicht älter werden wird als vierzig (oder fünfunddreißig) Jahre, wie wir es an den oben angeführten Beispielen gesehen haben.

Bei Kolumban, Benedikt und Johannes lag der Fall noch anders: Sie waren besondere Menschen, Eingeweihte, und sie waren sich als solche dessen bewusst, was als verborgenes Wissen in ihrem Höheren Selbst lebte. Eingeweihte haben ja die Meisterschaft über ihr Ego errungen, so dass sie in den Dienst ihres Höheren Selbst treten und damit zu einem Spiegel werden, der das Wissen des Höheren Selbst an das Bewusstsein weitergibt.

Anhand dieser Beispiele wird klar, dass unser Höheres Selbst unsere Todesstunde kennt. Das bedeutet, dass es offensichtlich einen bestimmten, einzigartigen Todesmoment gibt, der unserem Leben und unserem Lebenslauf entspricht. Es sieht folglich danach aus, dass unsere Todesstunde nicht dem Zufall überlassen ist, sondern dass der Moment unseres Todes eine sinnvolle Abrundung unseres Erdenlebens bildet.

Unser Höheres Selbst bestimmt den Moment unseres Todes

Wie kommt es, dass unser Höheres Selbst exakt weiß, wann wir sterben werden? Das esoterische Christentum deutet das wie folgt: Das rührt daher, dass unser Höheres Selbst, bevor wir dieses Erdenleben begannen, in der geistigen Welt seinen Plan für dieses Leben aufgestellt hat. Unser Höheres Selbst erhielt dabei die erforderliche Unterstützung durch die Engel. Doch je weiter wir uns geistig entwickelt haben, desto mehr wurde es unserem Höheren Selbst möglich, auch aus eigener Kraft einen solchen Plan für das folgende Leben aufzustellen. Dabei orientiert sich unser Höheres Selbst an den karmischen Lektionen, die klar vor uns liegen, sowie auch an der Lebensmission, die im Hinblick auf unsere weitere Entwicklung und unser Wachstum als Mensch für dieses neue Leben sinnvoll ist. Dabei beschließt unser Höheres Selbst auch, wie lange jenes neue Erdenleben dauern wird. Es legt dazu fest, wann und wie wir sterben werden. Auch unser Tod wird folglich von uns selbst, von unserem Höheren Selbst, gewählt.

Wenn der Augenblick gekommen ist, da wir wieder auf Erden inkarnieren, wird unser Höheres Selbst allerdings durch drei ineinander gebettete Hüllen – den Astralleib, den Ätherleib und den physischen Körper – abgeschirmt. Einmal auf Erden geboren, ist es unser Ego, das fortwährend das Sagen übernimmt und uns vom Wissen unseres Höheren Selbst weitgehend abschließt. Daher erinnern wir uns nicht mehr an unseren Lebensplan, den unser Höheres

Selbst gewählt hat. Wir erinnern uns sogar so wenig, dass wir uns nicht einmal vorstellen können, dass wir dieses Leben und all die Ereignisse in diesem Leben einst aus einem höheren Wissen heraus selbst gewählt haben sollen.

Doch auch wenn wir uns daran nicht erinnern und der Tod meist unerwartet eintritt, kommen wir nicht darum umhin, dass unser Tod und unsere Todesstunde im Grunde von uns selbst – von unserem Höheren Selbst – gewählt wurden. Noch deutlicher ausgedrückt: Für unser Höheres Selbst bilden unser Tod und unsere Todesstunde einen sinnvollen Abschluss unseres Erdenlebens.

Hammarskjöld: Ein sinnvolles Lebensende

Vielen von uns ist es unbegreiflich, dass der Tod als sinnvolles Lebensende betrachtet werden kann, geschweige denn, dass er von uns selbst gewählt worden sein soll! Wenn man ein Menschenleben von außen betrachtet, überkommt einen ja so oft das Gefühl, dass der Tod viel zu früh und zu einem äußerst unpassenden Moment eintritt. In jedem Fall haben wir dieses Gefühl bei Menschen, die jung sterben. Als ich mich um kranke und sterbende Kinder kümmerte, konnte ich sehr gut mitempfinden, wenn Eltern laut jammerten und wehklagten, dass ihr Kind viel zu früh gestorben sei. So fühlte es sich zumindest für sie an.

Und dennoch gilt: Wenn wir die Sterbestunde eines Menschen auf eine andere Weise, tiefer, und mit wachem

Blick für die geistige Dimension seines Lebens betrachten, erkennen wir manchmal Zusammenhänge, die uns auf den ersten Blick verborgen blieben. Das beeindruckendste Beispiel, das ich in dieser Hinsicht kenne, ist das des früheren Generalsekretärs der Vereinten Nationen, Dag Hammarskjöld (1905-1961). Er starb infolge eines Flugzeugunglücks (oder war es ein Anschlag?) während einer Friedensmission im Kongo. Viele, die ihre Hoffnungen auf ihn gesetzt hatten, waren über seinen unerwarteten Tod schockiert und sagten, er sei zu früh gestorben, weil wir auf ihn und seinen Einsatz für den Weltfrieden gerade in jener kritischen Zeit nicht verzichten konnten.

Wenn wir die Sache freilich aus der Perspektive seiner Biografie heraus betrachten, scheint uns seine innere Lebensgeschichte jedoch etwas anderes zu erzählen. In seinem spirituellen Tagebuch »Zeichen am Weg«, das er hinterließ und das nach seinem Tod gefunden und veröffentlicht wurde, lässt sich zwischen Anfang und Ende des Tagebuches ein auffälliger Zusammenhang feststellen. Das Tagebuch beginnt mit den Zeilen:

Weiter treibe ich,
Hinaus ins fremde Land.
Beinhart die Erde,
Eisluft beißend kalt.
Berührt vom Winde
Meines unbekannten Ziels
Zittern die Saiten im Warten.[68]

Hammarskjöld schrieb diesen Text 1925, im Alter von zwanzig Jahren. Im Jahr 1953, als er begann, an seinem Tagebuch zu schreiben, weihte er es mit diesen Zeilen ein – offensichtlich war dieser Text für ihn von großer Bedeutung. Die Entdeckung des »unbekannten Landes« war für ihn etwas Essenzielles und stellte für ihn sogar den tieferen Sinn seines Lebens dar. Voller Erwartung hielt er danach Ausschau. Doch um welches Land handelte es sich dabei?

Hammarskjöld betrachtete sein Tagebuch als sein spirituelles Vermächtnis – ein Vermächtnis, das anderen auf ihren eigenen spirituellen Lebenswegen behilflich sein sollte. Folglich ist es ein spirituelles Tagebuch, in dem er die geistige Wirklichkeit seines Lebens festlegte. Das muss freilich bedeuten, dass das Lebensziel, nach dem Hammarskjöld Ausschau hielt, ein spirituelles Ziel war. Folglich muss das unbekannte Land, von dem er überzeugt war, dass er es finden würde, ein spirituelles Land sein, die spirituelle Welt oder die Welt hinter dem Schleier, die für die meisten von uns verborgen ist.

Hammarskjöld schloss sein Tagebuch mit einer Notiz, die er drei Wochen vor seinem unerwarteten Tod eintrug:

Die Jahreszeiten haben gewechselt,
Das Licht,
Das Wetter,
Die Stunde.
Doch es ist dasselbe Land.

Und ich beginne, die
Landkarte und die Himmelsrichtungen zu kennen.[69]

An diesem Eintrag wird deutlich, dass er das Land, nach dem er suchte, inzwischen gefunden hatte. Dieses Land war ihm mit der Zeit vertraut geworden. Er kannte dessen Landkarte. Auch waren ihm die verschiedenen Regionen dieses Landes vertraut geworden. In dieser Welt war er, so machte er deutlich, »dem Anderen« begegnet, das im Laufe seines Lebens die Regie über ihn (oder über sein Ego) übernommen und ihn gleichsam in seine Dienste genommen hatte.

Wer dieses Tagebuch liest und Anfang und Ende dieses Werkes auf sich wirken lässt, wird tief von der Tatsache beeindruckt sein, dass der Tod von Hammarskjöld, aus der Sicht seines spirituellen Lebensverlaufes heraus betrachtet, völlig logisch und verständlich ist. Er hatte das Land gefunden, nach dem er gesucht hatte – und die Entdeckung dieses Landes war sein Lebensziel. Außerdem war er im Laufe seines Lebens mit diesem Land vertraut geworden und hatte diejenigen gefunden, die ihn in ihre Dienste nahmen und ihm halfen, sein Lebensziel zu verwirklichen. Ist eine noch sinnvollere und logischere Abrundung eines Erdenlebens als dieses Ende denkbar?

Offensichtlich hatte, bevor Hammarskjöld dieses Erdenleben begonnen hatte, dessen Höheres Selbst sich als persönliches Lebensziel gesetzt, zu lernen, mit der geistigen Welt in Verbindung zu treten und dort denjenigen zu begegnen, die ihn bei seiner Mission im eigentlichen Leben begleiten und inspirieren sollten. Am letzten Eintrag in seinem Tagebuch wird deutlich, dass diese innere Lebensmission vollzogen und vollbracht war.

So sehen wir, dass der Tod Hammarskjölds, der von außen betrachtet so plötzlich und unerwartet erscheint und den viele als »zu früh« empfanden, aus der Perspektive seiner Biografie heraus betrachtet logisch war und als sinnvolle Abrundung seines Lebens gedeutet werden kann.

Müsste dies denn dann nicht auch auf jeden Menschen zutreffen? Ist es vielleicht doch so, dass der Tod unseres geliebten Mitmenschen, der uns, von außen betrachtet, oft so ungerecht vorkommt und oft zu früh und unbegreiflich erscheint, aus der inneren Biografie heraus gesehen als eine sinnvolle Abrundung betrachtet werden kann? Ich persönlich habe mich im Laufe meines Lebens hiervon überzeugen lassen. Doch dann müssen wir natürlich bereit sein zu versuchen, Einblick in die innere Biografie unseres Nächsten zu nehmen, um anhand dieser Biografie zu entdecken, warum der Tod des Anderen doch ein sinnvolles Lebensende sein kann.

Mozart – ein bedeutungsvoller Zusammenhang

Wer erst einmal für den verborgenen Sinn und die Zusammenhänge sensibilisiert ist, die es in der Biografie eines Menschen zu entdecken gibt, wird die Dinge mit der Zeit anders betrachten und einen Blick für Zusammenhänge bekommen, über die andere leicht hinwegsehen würden. So wissen wir beispielsweise, dass Mozart im Jahre 1791, in seinem sechsunddreißigsten Lebensjahr, krank wurde. Er bekam eine Krankheit, an der er später in jenem Jahr sterben sollte. Just in dieser Zeit erhielt er den geheimen Auftrag, ein Requiem zu schreiben, eine Messe, die in der Römisch-Katholischen Kirche im Gottesdienst für die Toten abgehalten werden sollte. Seine letzten Lebensmonate, die Monate seiner Krankheit, waren folglich die Monate, in welchen er sich ganz intensiv mit dem Thema »Sterben« beschäftigte. Zufall? Für denjenigen, der es lernt, besser auf die verborgenen Zusammenhänge in unserem Lebenslauf zu achten, ist ein solcher Zusammenhang mehr als nur das: Er steckt voller Bedeutung.

Der Tod ist ein Schritt über die Schwelle

Der Augenblick des Todes ist *der Höhepunkt des Sterbeprozesses*. Er ist die Vollendung und Abrundung unserer irdischen Lebensmission. Der Kreis schließt sich. Es ist *ein heiliger Moment*, der nahezu immer einen tiefen Eindruck hinterlässt und sich bei den nahestehenden Menschen für immer einprägt. Viele, die den Tod eines anderen Menschen miterleben durften, werden dies bestätigen. Anders ausgedrückt: Der Augenblick, in dem ein anderer stirbt, ist das »Durchschlüpfen eines Nadelöhrs« – der Übertritt, den der Sterbende aus seinem Erdenleben hinein in die geistige Welt tut. Man bezeichnet diesen Moment auch als den »Schritt über die Schwelle«. Wir überschreiten die Schwelle in jene andere Welt, die uns im Erdenleben verborgen und unzugänglich ist.

In solchen Momenten durchströmt die Umstehenden meist eine Woge von unterschiedlichsten Gefühlen. Es sind so viele, dass es kaum möglich ist, in Worte zu fassen, um welche Gefühle es sich denn dabei überhaupt handelt: Eine gewisse Dankbarkeit, weil das Leiden nun ein Ende hat, ein tiefes Gefühl von Dankbarkeit für all das, was der Verstorbene uns in seinem Leben geschenkt hat, Kummer über den Abschied und ein tiefes Gefühl der Ehrfurcht vor der Heiligkeit und dem Schicksalhaften dieses Augenblicks. Darüber hinaus durchdringen jeden von uns noch viele weitere Gefühle.

Es ist (in den meisten Fällen) gut, nach dem Tod unseres geliebten Freundes nicht gleich wieder voll aktiv zu werden, sondern uns die Zeit zu nehmen, um diesen besonderen Moment – eventuell sogar gemeinsam mit anderen Familienmitgliedern – intensiv zu durchleben. Das passiert leider nicht immer: Manchmal wird sofort alles geregelt, herumtelefoniert und organisiert. Es scheint bisweilen, als würden wir es nicht wagen, mit dem Tod innezuhalten und die Emotionen dieses heiligen Momentes zuzulassen.

Übrigens erlebt das nicht jeder auf diese Weise. Mir wurde schon des Öfteren erzählt, dass das Pflegepersonal und die Familienangehörigen in Situationen, in welchen Sterbehilfe geleistet wurde, mit gemischten Gefühlen zurückgeblieben sind: Einerseits erleichtert darüber, dass das Leiden vorüber ist, aber manchmal auch mit einem befremdlichen Gefühl, weil der Tod so abrupt kam und irgendwie nicht in der natürlichen Weise eines gewissen Übergangsprozesses ablief. Im folgenden Kapitel werde ich hierauf näher eingehen.

11.

Die Frage der Euthanasie

Ich beobachte die zunehmend einseitige Betrachtungsweise der Euthanasie, also der Sterbehilfe, mit wachsender Besorgnis – eine Betrachtungsweise, die sich vom alten kirchlichen Denken abzusetzen scheint, das besagt, dass wir nicht selbst über Leben und Tod bestimmen dürfen, weil dies das Privileg Gottes ist. Dieses alte Denken wird dem Recht auf Selbstbestimmung und Autonomie des Menschen, das wir mehr und mehr als eine Errungenschaft des modernen Menschen betrachten, nicht gerecht.

Bei der heutigen Betrachtungsweise geht man im Allgemeinen von dem Gedanken aus, dass es kein Leben nach dem Tod gibt. Aus spiritueller Sicht und aus dem Blickwinkel des esoterischen Christentums heraus sieht das hingegen anders aus: Der Tod ist der Übergang in eine andere, höhere Lebensform. Alle Entscheidungen, die wir hier auf Erden treffen, haben direkte Auswirkungen auf unser Leben nach dem Tod sowie auf unsere nachfolgenden Leben auf der Erde. Meiner Meinung nach wird es Zeit, dass dieser Aspekt in der Diskussion über die Euthanasie ernst genommen wird. Vor allem aus diesem Grund habe ich dieses Buch geschrieben.

Hugo Claus und die immer lauter werdende Forderung nach Euthanasie

Immer lauter wird in der heutigen Zeit der Ruf nach Euthanasie. Nicht nur der Sterbende selbst verlangt immer öfter danach – auch die Familie fordert in immer mehr Fällen die Euthanasie für den Sterbenden. Der Sterbende fordert sie unter anderem aus folgenden Gründen:

- Weil die Schmerzen kaum mehr zu ertragen sind.
- Weil er sich nicht imstande fühlt, die Machtlosigkeit und zunehmende Abhängigkeit noch länger zu ertragen.
- Weil er Angst hat, seine Würde (noch mehr) zu verlieren.
- Weil er seine Lieben leiden sieht und es ihnen ersparen möchte, dass sie alles weiterhin ohnmächtig mit ansehen müssen.

Oft ist es eine Kombination mehrerer dieser Faktoren, die den Sterbenden dazu bringen, um Sterbehilfe zu bitten.

Wer über Euthanasie nachdenkt, wird direkt mit dem Beispiel des flämischen Schriftstellers und Dichters Hugo Claus konfrontiert. Er litt an Alzheimer und entschied sich für die Euthanasie, weil er merkte, dass er die Kontrolle über sein Leben zu verlieren drohte. Sein Tod, im Jahr 2008, erregte sowohl in Belgien als auch in den Niederlanden großes Aufsehen. Viele rühmten seinen Mut, selbst über den eigenen Tod zu entscheiden, andere fragten sich, ob nun nicht eine Grenze überschritten sei. Wieder andere fragten sich, ob man seinen Tod als legitim bezeichnen könne. Euthanasie ist in unserem Land nur erlaubt, wenn der Kranke im Vollbesitz seiner geistigen Kräfte ist und folglich selbst in Freiheit und bei vollem Bewusstsein darüber entscheiden kann. Andere weisen jedoch darauf hin, dass Claus immer wieder auch hellere Momente und Phasen gehabt habe, und somit alles im Rahmen des Legalen geblieben sei.

Der selbstgewählte Tod von Claus führte in Belgien zu einer hitzigen Diskussion. Anlässlich dieser Diskussion sagte der einflussreiche Kardinal Danneels in einer Predigt:

»Einfach aus dem Leben zu flüchten, ist keine Antwort auf das Problem von Leiden und Tod. Der Mensch schlägt damit einen Umweg ein und geht der ganzen Problematik aus dem Weg. Ausweichmanöver sind keine Heldentat, keine Schlagzeile für die Titelseiten der Medien.«

Die Forderung nach Euthanasie

Auch die Familie eines Sterbenden drängt mit großer Regelmäßigkeit auf Euthanasie. Das kann man gut verstehen.

Es ist oft schwierig, machtlos dastehen zu müssen und für jemanden, den man liebt und der sichtlich leidet, nichts tun zu können – ein Leiden, das sinnlos erscheint. Daher bitten immer mehr Familienangehörige den Arzt um Sterbehilfe für ihre Lieben.

Die offizielle Zahl der Fälle von Sterbehilfe stieg in den Niederlanden in den letzten Jahren stetig an. So kletterte die Zahl der offiziellen Meldungen im Jahr 2010 auf 3.136. Das ist eine Steigerung um 19% im Vergleich zum Vorjahr.[70] Die inoffizielle Zahl liegt wahrscheinlich (weitaus) höher. Es ist daher die Frage, ob die Zahl der (offiziellen) Fälle von Euthanasie wirklich zunimmt oder ob gegenwärtig nur mehr Fälle öffentlich bekannt und von den zuständigen Kontrollstellen gemeldet werden. Zum Vergleich: Im Jahr 2008 wurden in Belgien 705 Fälle von Euthanasie gemeldet.

In kurzer Zeit ist die Euthanasie, zumindest in den Niederlanden und in Belgien, mehr oder weniger »Alltag« geworden. Das lässt sich allein schon daran ablesen, dass mehr als 80% der Niederländer laut der letzten Meinungsumfrage Befürworter der Euthanasie sind. Nur 15% der Bevölkerung zweifeln, haben keine Meinung oder lehnen Sterbehilfe ab. Doch diese Gruppe bildet eine kleine Minderheit, und der Standpunkt dieser Minderheit wird von vielen als konservativ angesehen und aus diesem Grund meist nicht ernst genommen. Wenn wir diese Entwicklungen betrachten, scheint der Widerstand gegen die Euthanasie nur noch ein Schaukampf zu sein, und die Euthanasie wird immer selbstverständlicher.

Befürworter der Euthanasie

Die Verfechter der Euthanasie gehen meist von folgenden Überlegungen aus:

- Die Autonomie jedes Menschen oder das Selbstbestimmungsrecht über das eigene Leben ist ein wichtiges Recht, das niemandem beschnitten werden darf: Jeder Mensch darf selbst bestimmen, wie er sterben will. Daher hat die Kirche nicht das Recht, die Euthanasie zu verbieten. Das muss jeder Mensch selbst bestimmen.
- Die Befürworter der Euthanasie sehen *den Tod* meist als *das definitive Ende*, und warum sollte ein Mensch nicht über dieses Ende selbst entscheiden dürfen?
- Darüber hinaus betrachten sie die Euthanasie meist als einen *Akt der Barmherzigkeit*, mit dem man einem Menschen sinnloses Leiden erspart. Denn wenn der Tod das Ende ist, warum sollte man einen Menschen dann noch Schmerzen und Hilflosigkeit erleiden lassen, die keinen Sinn mehr machen? Aus dieser Betrachtungsweise heraus gibt es auch Menschen, die es den Ärzten verübeln, wenn sie aus irgendwelchen Gründen keine Sterbehilfe leisten möchten. Das wird dann als Verweigerung eines Aktes der Barmherzigkeit betrachtet.

Die Katholische Kirche und der Islam

Die Gegner der Euthanasie findet man nicht nur in christlichen Kreisen, sondern beispielsweise auch in der islamischen Welt.

Bereits im 4. Jahrhundert verurteilte die Kirche Selbstmord als eine Sünde. Sie fällte dieses Urteil, weil zur damaligen Zeit Selbstmord eine Art Modeerscheinung war. Aufgrund dieses Beschlusses ist es verständlich, dass die Katholische Kirche die Sterbehilfe als moralisch verwerflich betrachtet. Sie gilt als Mord und damit als Verbrechen gegen das Leben. Die Kirche gesteht dem Sterbenden hingegen sehr wohl die Verabreichung schmerzstillender Medikamente zu, um sein Leiden zu lindern, selbst wenn sie sein Leben verkürzen, solange der Tod weder als Zweck noch als Mittel betrachtet wird. Die Katholische Kirche betrachtet dies als die Gesetze Gottes, welchen der Mensch uneingeschränkt Gehorsam zu leisten hat.

Im Islam denkt man ähnlich über die Euthanasie. So wird auf einer Webseite von islamischen Medizinstudenten in Bezug auf die Euthanasie die Frage gestellt: »Ist sie laut Koran erlaubt oder verboten?« Die Antwort auf diese Frage lautete: »Was Selbstmord oder den Versuch eines anderen betrifft, deinem Leben ein Ende zu setzen, so gehört dies zu den größten Sünden, nicht nur im Islam, sondern auch bei den ihm vorausgegangenen himmlischen Religionen – weil das Leben ein Geschenk Allahs ist. Es ist dem Menschen daher auch nicht gestattet, diesem ein Ende zu setzen. Allah sagt ja im Koran: ‹Und tötet euch nicht selbst›.« [71]

Die Befürworter und Gegner stehen sich offensichtlich immer unversöhnlicher gegenüber. So gab es 2011 einen Pfarrer in Liempde, der sich weigerte, die Beerdigung eines Mannes abzuhalten, der durch Euthanasie gestorben war. Seine Entscheidung sorgte für große Aufregung. Die niederländische »Vereinigung für ein freiwilliges Lebensende« reagierte darauf mit der Bemerkung: »Das kommt einer Kirchenstrafe gleich, die dem Verstorbenen quasi posthum auferlegt wird.«

Daran sieht man, dass man, wenn man über Euthanasie nachdenkt, gezwungen ist, einen dieser beiden Standpunkte zu wählen. Dabei entscheiden sich die meisten Menschen verständlicherweise für die Überlegungen der Befürworter. Vor allem, weil das Prinzip des Rechts auf Entscheidungsfreiheit jedem sehr am Herzen liegt und es ganz offensichtlich zu den Errungenschaften des modernen Menschen gehört.

Die westliche traditionelle spirituelle Lehre

Doch damit ist noch nicht alles gesagt. Wenn wir uns eingehender mit dieser Frage befassen, wird sehr bald deutlich, dass es noch andere Strömungen und Religionen gibt, die den selbstverständlichen Einsatz der Euthanasie in der heutigen Zeit mit einem Fragezeichen versehen.

So war beispielsweise Elisabeth Kübler-Ross – eine Vertreterin der traditionellen westlichen spirituellen Lehre – eine erklärte Gegnerin der Euthanasie. Ihrer Meinung nach entzieht man mit der Euthanasie dem Menschen die Möglichkeit, seine letzte (Lebens-) Lektion zu lernen: »Die letzte Lektion, die Menschen eventuell in ihrem wenn auch noch so kurzen Dasein lernen, sind die Lektionen, die sie rund um den bewussten – und manchmal in der Tat auch lange andauernden – Sterbeprozess lernen. Es ist unmoralisch, jemandem diese Erfahrungen, bei welchen die Menschen manchmal mehr Einsichten, Liebesfähigkeit und Weisheit erlangen als in ihrem gesamten vorangegangenen Leben, zu rauben.«

Dabei ist auch Elisabeth Kübler-Ross das Selbstbestimmungsrecht des Menschen heilig. Ihr Plädoyer für den Verzicht auf die Euthanasie ist keine zwingende Vorschrift, sondern eine Überlegung, die sie sowohl dem Sterbenden als auch jedem Menschen, der über Sterbehilfe nachdenkt, mit auf den Weg geben möchte.

Elisabeth Kübler-Ross sah im Tod einen Übergangsprozess. Damit meinte sie, dass die Seele des Menschen nach dessen Tod in Gottes allumfassender und bedingungsloser Liebe aufgenommen wird. Auf Erden bleibt nur der Körper zurück. Daher haben die Umstände, unter welchen ein Mensch stirbt, einen nachhaltigen Einfluss auf das Leben nach dem Tod.

Elisabeth Kübler-Ross hat ihre eigenen Ansichten in die Tat umgesetzt und gelebt. Am Ende ihres Lebens litt sie unter diversen Beschwerden, die ihren Körper zum Wrack machten, wodurch sie vollkommen auf fremde Hilfe angewiesen war. Diese Erfahrung schenkte ihr die Einsicht, dass eine der letzten Lektionen ihres Lebens darin bestand, zuzulassen, von anderen versorgt zu werden, und zu lernen, in dieser Phase persönlich völlig von ihren Mitmenschen abhängig zu sein. Mit großer Geisteskraft und Würde war sie bereit, auch diese Lektion bis zum Ende zu durchleben und ihrem Leben nicht mit Hilfe der Euthanasie vorzeitig ein Ende zu setzen. Ihren Kommentar zu ihrer Krankheit: »Ein Patient, der sich geliebt und erwünscht fühlt, der schmerzfrei ist und respektiert wird, wird niemals um Sterbehilfe bitten«, setzte sie auch in dieser Phase ihres Lebens in die Tat um.

Die Elisabeth-Kübler-Ross-Stiftung

Elisabeth Kübler-Ross war die Palliativ-Pflege, d.h. die Versorgung, die darauf ausgerichtet ist, einem Patienten mit einer lebensbedrohlichen Krankheit eine möglichst hohe Lebensqualität zu bieten, sehr wichtig. Wenn man die Euthanasie in Gedanken in Erwägung zieht, spielt diese Fürsorge eine große Rolle, weil sich daran zeigt, dass, wenn der Sterbende eine gute, liebe- und respektvolle Pflege sowie eine effektive Schmerzlinderung erfährt, das Bedürfnis nach Euthanasie deutlich abnimmt.

Dank der Arbeit von Elisabeth Kübler-Ross hat man überall auf der Welt – und somit auch in den Niederlanden – Hospize oder Pflegewohnheime eingerichtet. Diese sind ein symbolisches Mahnmal für die Frage, ob man die Sterbehilfe nicht auch zu Hause leisten könne. Man kam bei dieser Diskussion zu folgendem Fazit: »*Dr. Elisabeth Kübler-Ross war immer eine Gegnerin der Euthanasie gewesen. Aufgrund der Entwicklungen in den Niederlanden und in der heutigen Gesetzgebung erkennen wir jedoch, dass die Sterbehilfe Bestandteil der Palliativ-Pflege sein kann.*« Mit dieser Stellungnahme wird das Selbstbestimmungsrecht eines jeden Menschen auch in den Hospizen respektiert.

Der Buddhismus

Beim Buddhismus stehen individuelle Entscheidungsfreiheit und Eigenverantwortlichkeit des Menschen im Mittelpunkt. Das bedeutet auch, dass jeder selbst über den Einsatz von Sterbehilfe bestimmen darf und mit seiner Entscheidung vollkommen respektiert wird. Nun ist es natürlich so, dass Euthanasie, aus buddhistischer Sicht, nicht als sinnvolle Lösung betrachtet wird. Sie wird als ein Akt des Tötens gesehen, der negative Folgen nach sich zieht. Gemäß einiger Traditionen kann sie das Leiden eines Menschen sogar verschlimmern, weil letztendlich jeder die Folgen seiner Taten tragen muss.

Das esoterische Christentum

Im esoterischen Christentum hat man in Bezug auf die Euthanasie eine Sichtweise analog zum Buddhismus. Wir haben bereits festgestellt, dass nach den Lehren des esoterischen Christentums unser Höheres Selbst unseren Lebensplan aufstellt und damit auch unsere Todesstunde festsetzt, und zwar in Übereinstimmung mit den Lektionen, die wir zu lernen haben. Unser Leiden wird nicht als sinnlos betrachtet, sondern gehört mit zu dem Lernstoff, der uns in diesem Leben präsentiert wird – ein Lernstoff, der uns helfen möchte, an Liebeskraft zu wachsen. Daher wird die Euthanasie, ebenso wie im Buddhismus, nicht als eine sinnvolle Lösung betrachtet, sondern es wird viel Wert auf eine palliative Versorgung gelegt: Bei einer guten Palliativpflege sinkt ja auch die Tendenz zur Forderung von Sterbehilfe.[72]

Darüber hinaus legt das esoterische Christentum auch Wert auf die Tatsache, dass der Tod nicht nur das Ende des irdischen Lebens ist, sondern auch die Geburt der Seele bedeutet. Für diese Geburt ist es wichtig, dass die Seele ausgereift ist und somit die neue Lebensphase voller Vitalkraft beginnen kann. Die Euthanasie kann diesen Wachstumsprozess der Seele stören und vorzeitig abbrechen.

- Darüber hinaus kann die Euthanasie auch bewirken, dass der Verstorbene – mit irdischen Worten ausgedrückt – zu früh nach Hause zurückkehrt, zu einem Zeitpunkt, an dem das neue Zuhause in der geistigen

Welt noch nicht bereitsteht. Dass dieser Gedanke gar nicht so weit hergeholt ist, wird an einem Nahtod-Erlebnis deutlich, das eine Inderin hatte. Sie verlor aufgrund einer schweren Lungenentzündung das Bewusstsein und hatte damals folgendes Erlebnis:

»Ich hatte das Gefühl, im Himmel zu sein. Es waren dort viele Häuser. Eines davon war noch nicht fertig.« Sie fragte den Boten, der sie begleitete: »Wem gehört denn dieses Haus?« Er antwortete: »Es ist für dich, aber es ist noch nicht ganz fertig, weil deine Zeit in der Welt noch nicht abgelaufen ist. Du musst noch die Vorbereitungen für die Hochzeit deines Sohnes treffen. Deine Zeit wird nach der Geburt deines Enkelsohnes kommen.« Jahre später verstarb sie tatsächlich nach der Geburt ihres Enkelsohnes.«[73]

In den Kreisen des esoterischen Christentums ist die Sorge über die Tatsache groß, dass in der heutigen Zeit in der Welt der Verstorbenen viel Verwirrung herrscht, weil die »Ankunftszeiten« der Verstorbenen in Unordnung geraten sind.

Dennoch steht auch beim esoterischen Christentum das Selbstbestimmungsrecht des Menschen im Mittelpunkt. Es gibt ja keine allgemeingültigen Vorschriften, und was für den einen gut ist, muss es für den anderen noch lange nicht sein. Daher möchte das esoterische Christentum die Euthanasie mit Sicherheit nicht verbieten. Es fordert lediglich dazu auf, bei der Entscheidung über die Euthanasie auch zu bedenken, dass alles, was wir in diesem Leben tun, sagen, beschließen oder auch unterlassen – und damit auch der Tod infolge von Sterbehilfe – direkte Auswirkungen auf das Leben nach dem Tod und damit auf die Art und Weise hat, wie unser nächstes Leben beginnt.[74]

Eine Bereicherung

Ich hoffe, dass dieser Aspekt in der heutigen Diskussion über Euthanasie einen gebührenden Platz erhalten wird. Gerade jetzt, da immer mehr Menschen innerlich für die Tatsache sensibilisiert werden, dass der Tod den Übergang in eine andere Form des Lebens bedeutet, ist es wichtig, sich die Frage zu stellen, welchen Einfluss die Euthanasie denn auf jenes neue Leben auf der anderen Seite hat. Weil immer mehr Menschen in der heutigen Zeit mit dem Thema Reinkarnation vertraut werden, muss man sich darüber hinaus mit Recht damit auseinandersetzen, welchen Einfluss die Euthanasie auf das nächste Erdenleben und insbesondere auf die Art und Weise haben kann, wie dieses seinen Anfang nehmen wird. Ich bin überzeugt davon, dass dieser Aspekt für die aktuelle Diskussion eine Bereicherung darstellen wird.

Anmerkungen

1 Hans Stolp, *Bleibe, mein goldener Vogel.* Amerang 2012 und *Als de dood vroeg komt (»Wenn der Tod früh kommt«),* Verlag Kok 1986, S. 72ff. Siehe auch: Lize Stilma/Hans Stolp, *Als ik naar oma ga, het kind en de dood (»Wenn ich bei der Oma bin – Kinder und der Tod«),* Verlag Ten Have, 1995, S. 112ff.

2 Manche Menschen erzählen auch, dass ihnen das Loslassen gar nicht so schwerfällt, weil sie es dem Sterbenden so sehr gönnen, von den Schmerzen und dem Verfall erlöst zu werden und in die Welt des Lichts eintreten zu dürfen.

3 Natürlich ist die gegenseitige Begleitung nicht möglich, wenn der Sterbende ganz plötzlich verstirbt. Doch das Phänomen, dass Sterbebegleitung ein wechselseitiger Prozess ist, kommt öfter vor, als uns dies vielleicht bewusst ist. Sogar bei Kindern geschieht das. Mehrfach haben mich Kinder, als ich noch als Krankenhauspfarrer tätig war, gefragt: »Wirst du Papa und Mama trösten (oder mit ihnen reden), wenn ich nicht mehr da bin?« Kinder machen sich oft große Sorgen um ihre Eltern und insbesondere auch um die Frage, wie es diesen später ergehen wird, wenn sie selbst nicht mehr da sind.
Zur Thematik »Sterbebegleitung als wechselseitiger Prozess« siehe auch Renée Zeylmans, *Stervensbegeleiding, hulp bij sterven (»Sterbebegleitung – Hilfe beim Sterben«),* Zentrum für Soziale Gesundheitsfürsorge, Gezichtspunten (»Aspekte«) Nr. 27, 1999, S. 11

4 Renée Zeylmans weist darauf hin, dass es wichtig ist, dass der Trauernde isst, auch wenn er gar keinen Appetit hat: »Der Trauernde, der bereits ein wenig mitgestorben ist, muss einfach wieder Erdanbindung bekommen, also essen!« Siehe Renée Zeylmans, *Rouwverwerking en rouwbegeleiding (»Trauerbewältigung und Trauerbegleitung«),* Verlag Christofoor, 2000, S. 59

5 M. Vasalis, *Vergezichten en gezichten (»Aussichten und Gesichter«),* Verlag G.A. van Oorschot 1975, S. 14. Der betreffende Vers lautet im Ganzen: »Der Sorgen so viele, ich mag sie nicht

nennen. Nur die eine: Abstand nehmen und dahinscheiden. Nicht das eigentliche Abgeschnitten-Werden verursacht den großen Schmerz, sondern das Abgeschnitten-Sein.«

6 Elisabeth Kübler-Ross, *Wat kunnen wij nog doen? Vragen en antwoorden (»Was können wir noch tun? Fragen und Antworten«)* in: *Lessen voor levenden, (»Lektionen für Lebende«),* Verlag Ambo, 1974, S. 36

7 Johan Wilbrink, *Afscheid van Katinka (»Abschied von Katinka«),* Verlag In den Toren, 1982, S. 91

8 A.a.O., S. 6

9 Hans Stolp, *Leven met Engelen (»Mit Engeln leben«),* Verlag Ankh-Hermes, 4. Auflage 2008, S. 19

10 Das bekannteste Buch von Kübler-Ross ist: *Lessen voor levenden (»Lektionen für Lebende«), Verlag* Ambo, 2000. In diesem Buch beschreibt sie die fünf Phasen, die ein Sterbender durchläuft: Leugnen, Zorn, Verhandeln, Depression und Akzeptanz. In ihrem Buch: *Over de dood en het leven daarna (»Über den Tod und das Leben danach«),* Verlag Ambo, 2000, berichtet sie, dass Sterbende nicht an Halluzinationen leiden, wenn sie behaupten, Verstorbene zu sehen, die auf sie warten.
Gregg Furth schrieb u.a. das Buch: *Tekeningen, beeldtaal van het onbewuste (»Zeichnungen – Bildersprache des Unbewussten«)*, Verlag Lemniscaat, 2010. Gregg Furth baut auf das Werk von Susan Bach auf, über die ich in meinem Büchlein »Als de dood vroeg komt« (»Wenn der Tod früh kommt«), Verlag Kok, bereits 1986 geschrieben habe. Sowohl Susan Bach als auch Gregg Furth verweisen darauf, dass schwer kranke Kinder unbewusst wissen, ob sie wieder gesund werden oder sterben werden. Sie wissen auch, wie lange sie noch leben werden, bis sie sterben müssen. Außerdem bringen sie in ihren Zeichnungen ihr unbewusstes Wissen darüber zum Ausdruck, dass der Tod nicht das Ende ist, sondern ein Übergang in eine andere, geistige Welt.
Raymond A. Moody wurde vor allem durch sein Buch: *Leven na dit leven, ervaringen van mensen tijdens hun klinische dood (»Das Leben nach diesem Leben – Erfahrungen von Menschen während ihres klinischen Todes«),* Verlag Strengholt United Media, 2008, bekannt. In seinem Buch: *Een blik in de eeuwigheid, gedeelde*

ervaringen (»Ein Blick in die Ewigkeit – geteilte Erfahrungen«), Verlag A. W. Bruna, 2011, berichtet er, dass Familienangehörige und Freunde oft Zeugen der ersten Augenblicke der Reise ihres Lieben von dieser Welt in die nächste sind. Es kann sein, dass sie ein strahlendes Licht erblicken, das aus einer unbekannten Quelle kommt, aber auch, dass sie unerwartete Einblicke in das Leben des Verstorbenen haben. Fakten, die den Nahestehenden nicht bekannt waren, werden plötzlich deutlich.
David Kessler, der allgemein als Nachfolger von Kübler-Ross gilt, wurde u.a. durch sein Buch: *Het recht om waardig te sterven (»Das Recht, in Würde zu sterben«),* Verlag Ankh-Hermes, 1998, bekannt.

11 Im Jahr 313 wurde die Kirche mit dem Edikt durch Kaiser Konstantin I. offiziell anerkannt. Im Jahr 393 wurde sie dann von Kaiser Theodosius höchstpersönlich zur Staatsreligion ausgerufen.

12 Das Kali-Yuga oder Eiserne Zeitalter begann im Jahr 3101 v. Chr. und endete im Jahr 1899 n. Chr. In dieser Zeitspanne wurde der Mensch mehr und mehr von der geistigen Welt isoliert, mit dem Effekt, dass er schließlich jeglichen Kontakt mit dieser Welt zu verlieren drohte. Nach 1899 begann sich die geistige Welt langsam wieder zu öffnen. Dadurch machen immer mehr Menschen Erfahrungen mit jener Welt. Man denke nur einmal an Nahtoderfahrungen oder Begegnungen mit einem Engel oder einem Verstorbenen. Außerdem werden sich in der heutigen Zeit immer mehr Menschen der Tatsache bewusst, dass der Tod nicht das Ende ist, sondern der Übergang in eine andere, geistige Welt.

13 Ein Büchlein mit Zitaten von Elisabeth Kübler-Ross trägt sogar den Titel: *Vlinders. De mooiste citaten van Elisabeth Kübler-Ross (»Schmetterlinge – Die schönsten Zitate von Elisabeth Kübler-Ross«).* Es wurde im Jahr 2006 von der *Stiftung Elisabeth* herausgegeben. In der Einleitung zu diesem Büchlein (S. 5) heißt es: »Die Erfahrungen, die sie nach dem 2. Weltkrieg als freiwillige Helferin im Konzentrationslager Maidanek machte, sollten ihre Betrachtungsweise der Dinge im Leben prägen. Die Schmetterlinge an den Wänden der Baracken als Botschaft der Hoffnung und der Überzeugung, dass die Erlösung eine Transformation in eine andere Form des Lebens ist, inspirierten sie zu ihrem wichtigen Werk.«

14 Novalis, *Freiberger Studien*, 1798/1799: »*Wenn ein Geist stirbt, wird er Mensch. Wenn der Mensch stirbt, wird er Geist.*« Siehe hierzu Arie Boogert, *Onze doden (»Unsere Toten«)*, Verlag Christofoor, 2. Auflage 2003, S. 16

15 Pim van Lommel, *Eindeloos bewustzijn, een wetenschappelijke visie op de bijna-doodervaring (»Endloses Bewusstsein, eine wissenschaftliche Betrachtung von Nahtod-Erfahrungen«)*, Verlag Ten Have, 2007. Vgl. auch: Michael Nahm, *Wenn die Dunkelheit ein Ende findet*, Amerang 2012.

16 Elisabeth Kübler-Ross, *Dood,het laatste stadium van innerlijke groei (»Der Tod, das letzte Stadium des inneren Wachstums«)*, Verlag Ambo, 2006.

17 Arie Boogert schreibt in seinem Buch: *Ons voorland, Rudolf Steiner over het leven na de dood (»Der Weg der Seele nach dem Tod, Rudolf Steiner über das Leben nach dem Tod«)*, Verlag Christofoor, 2000, S. 22, dass der Tod »ein Geburtsprozess« ist.

18 Susan R. Bach, *Spontaneous Paintings of Severely Ill Patients (»Spontane Malereien schwerkranker Patienten«)*, 1969, herausgegeben von J.R. Geigy S.A., Basel, Schweiz. Siehe auch Fußnote 5.

19 Susan Bach, eine bedeutende Therapeutin, erforschte Zeichnungen schwerkranker Kinder. Über Jahrzehnte hinweg sammelte, studierte und bewertete sie Tausende von Kinderzeichnungen. Sie präsentierte u.a. in ihrem Buch *Life paints his own span* (»Das Leben malt seine eigene Zeitspanne«, Verlag Daimon, 1990) beeindruckende Beispiele von dem Ausmaß, in dem sich Kinder ihres Zustands bewusst waren. Es ist ein Jammer, dass ihrem Werk so wenig Beachtung geschenkt wird.

20 Siehe www.paranormaalforum.nl

21 2. Petrus 3, 8

22 Renée Zeylmans von Emmichoven, *Kan een betere kwaliteit van terminale zorg de vraag naar euthanasie doen afnemen? (»Kann eine bessere Qualität der Palliativpflege den Bedarf an*

Sterbehilfe reduzieren?«), in: Siegwart Knijpenga e.a., *Stilstaan bij sterven , Zes bijdragen rond een verwaarloosd thema in het euthanasiedebat (»Innehalten im Angesicht des Todes. Sechs Beiträge rund um ein vernachlässigtes Thema bei der Debatte um die Euthanasie«),* Verlag Christofoor, 1998, S. 76

23 1. Thessaloniker 5, 23

24 Es war Rudolf Steiner (1861-1925), der seit Beginn des 20. Jahrhunderts die christliche Esoterik des Westens wieder an die Öffentlichkeit brachte. Ihm verdanken wir auch die Terminologie, die ich in diesem Büchlein verwende.

25 Eine ausführliche Erläuterung über den Aufbau und die Struktur des Menschen gemäß der modernen christlichen Esoterik des Westens finden Sie in meinem Buch: *Jezus van Nazareth (»Jesus von Nazareth«),* Verlag Ankh-Hermes, 4, Auflage 2004, 4. Kapitel, S. 39ff

26 In der traditionellen östlichen Lehre wird diese Lebensenergie als »Prana« bezeichnet, im Westen wird sie nach 1. Mose 2, 7 »Atem Gottes« oder »Lebensatem« genannt.

27 Prediger 12, 6

28 Hans Stolp und Margarete van den Brink, *Omgaan met gestorvenen (»Begegnungen im Lichtreich«,* Grafing 2011*),* Verlag Ankh-Hermes, 2000, S. 18ff. Siehe auch Henk van Oort, *Antroposofie, Een kennismaking (»Anthroposophie, Eine Bekanntschaft«),* Verlag Freies Geistesleben 2006, 2. Kapitel, S. 20f.

29 Arie Boogert, *Onze doden (»Unsere Toten«),* Verlag Christofoor, 2. Auflage 2003, S. 53

30 Ebd., S. 54

31 George G. Ritchie, *Terugkeer uit de dood (»Rückkehr von Morgen«*), Verlag Becht, 2. Auflage 1990, S. 41-43

32 Rudolf Steiner berichtet, dass der Verstorbene mit immer größerer Sympathie auf den Moment des Todes zurückblickt, je mehr er auf dem Weg nach dem Tod vorwärts rückt: »Das Erfreulich-

ste und Herrlichste im Leben zwischen Tod und Wiedergeburt ist (...) der Augenblick des Todes.« GA 161, *Wege der geistigen Erkenntnis und der Erneuerung der künstlerischen Weltanschauung,* Dornach 1980.

33 Siehe Marleen Winkler und Roel den Dulk, *Orgaandonatie (»Organspende«),* Gezichtspunten (»Aspekte«) Nr. 25, Zentrum für Soziale Gesundheitsfürsorge, 1998, S. 13f

34 Wilma E. ter Mull, *Dimensies achter het bewustzijn, Persoonlijk karma en collectief onbewuste (»Dimensionen hinter dem Bewusstsein – Persönliches Karma und das kollektive Unbewusste«),* Verlag Elikser, 2011, S. 66

35 Arie Boogert, *Onze doden, Rudolf Steiner over het omgaan met dood en sterven (»Unsere Toten - Rudolf Steiner über den Umgang mit dem Tod und dem Sterben«),* Verlag Christofoor, 1992, S. 16

36 Eine Erklärung dafür, wie der Verstorbene seinen Ätherleib loslässt, findet sich bei: Arie Boogert, *Ons voorland, Rudolf Steiner over het leven na de dood (»Der Weg der Seele nach dem Tod, Rudolf Steiner über das Leben nach dem Tod«),* Verlag Christofoor, 2000, S. 24f.

37 Die Offenbarung des Johannes 2, 11; 20, 6 und 14 sowie 21, 8. Siehe auch Wim Schuwirth, *Eerst zien, Christelijk geloof en inzichten van Rudolf Steiner (»Erst sehen – Der christliche Glaube und die Erkenntnisse Rudolf Steiners«),* Verlag Kok, 1996, S. 90

38 Hans Stolp, *Tien levenslessen voor deze tijd (»Zehn Lebenslektionen für diese Zeit«),* Verlag Ankh-Hermes, 2. Auflage 2009, S. 46f.

39 Siehe auch die vielen Berichte von Menschen, die gerade in Krisenzeiten hellseherische (oder hellwissende oder hellhörende) Erfahrungen machen. Durch den emotionalen Schock, mit dem solche Krisen meist einhergehen, lösen sich ihre geistigen Körper ein wenig von der physischen Hülle.

40 Das Evangelium nach Lukas 16, 19-31

41 Christa van Tellingen auf www.wederzijds-stervenscultuur.nl

42 Hugo S. Verbrugh in: Siegwart Knijpenga u.a., *Stilstaan bij sterven, Zes bijdragen rond een verwaarloosd thema in het euthanasiedebat (»Innehalten im Angesicht des Todes. Sechs Beiträge rund um ein vernachlässigtes Thema bei der Debatte um die Euthanasie«)*, Verlag Christofoor, 1998, S. 13

43 Ida Gerhardt, *Verzamelde Gedichten (»Gesammelte Gedichte«)*, Verlag Polak und van Gennep, 1980, S. 615. Ida Gerhardt gab dem Gedicht den Titel »*Schöpfungsgeschichte*«.

44 Tiny de Jong, *Zinvol sterven (»Sinnvoll sterben«)*, Maitreya Verlag, 2001, S. 87f.

45 A.a.O. S. 92

46 Elisabeth Kübler-Ross, *Lessen voor levenden: gesprekken met stervenden »(Lektionen für Lebende – Gespräche mit Sterbenden«)*, Verlag Ambo, 1969.

47 Marie de Hennezel, *De intieme dood, Levenslessen voor Stervenden (»Den Tod erleben – Lebenslektionen für* Sterbende*«)*, Verlag Becht, 2005. Ein weiteres wichtiges ihrer Werke ist: *De kunst van het sterven, wat religieuze tradities en humanistische spiritualiteit ons leren over doodgaan (* »Die Kunst des Sterbens – Was religiöse Traditionen und humanistische spirituelle Lehren uns über das Sterben lehren.«), Verlag Becht, 1998

48 Siehe Elisabeth Kübler-Ross und David Kessler, *Levenslessen (»Lebenslektionen«)*, Verlag Ambo, 9. Auflage 2007; David Kessler, *Het recht om waardig te sterven (»Das Recht auf einen würdevollen Tod«)*, Verlag Ankh-Hermes, 1998, sowie Elisabeth Kübler-Ross und David Kessler, *Over rouw (*»Über die Trauer«), Verlag Ambo, 2006.

49 Eine kurze Zusammenfassung dieser Erkenntnisse von Kessler findet sich auch bei Tiny de Jong, *Zinvol sterven (»Sinnvoll sterben«)*, Maitreya Verlag, 2001, S. 72f

50 Renée Zeylmans van Emmichoven, *Kan een betere kwaliteit van terminale zorg de vraag naar euthanasie doen afnemen?(»Kann*

eine bessere Qualität der Palliativpflege die Frage nach der Euthanasie ersetzen?«), in: Siegwart Knijpenga u.a., *Stilstaan bij sterven, Zes bijdragen rond een verwaarloosd thema in het euthanasiedebat (»Innehalten im Angesicht des Todes. Sechs Beiträge rund um ein vernachlässigtes Thema bei der Debatte um die Euthanasie«),* Verlag Christofoor, 1998, S. 79

51 Frederik van Eeden, *Pauls ontwaken (»Pauls Erwachen«),* Verlag Servire, 2. Auflage 1974, S. 41f

52 www.liederenbank.nl

53 Ich fand diesen Hinweis im Buch von Renée Zeylmans, *Stervensbegeleiding, een wederzijds proces (»Sterbebegleitung – ein wechselseitiger Prozess«),* Verlag Christofoor, 2008, S. 252. Zeylmans hat diese Aussage wiederum aus dem Buch von Sogyal Rinpoche, *Het Tibetaanse Dodenboek van leven en sterven (»Das tibetische Buch vom Leben und Sterben«),* Kosmos Verlag, 2011 entnommen

54 Arie Boogert, *Onze doden, Rudolf Steiner over het omgaan met dood en sterven (»Unsere Toten - Rudolf Steiner über den Umgang mit dem Tod und dem Sterben«,* Verlag Christofoor, 2003, S. 63f.

55 Frederik van Eeden, *Pauls ontwaken (»Pauls Erwachen«),* Verlag Servire, 2. Auflage 1974, S. 58

56 Dieses Beispiel habe ich von Renée Zeylmans van Emmickhoven entnommen: *Kan een betere kwaliteit van terminale zorg de vraag naar euthanasie doen afnemen?(»Kann eine Steigerung der Qualität der Palliativpflege den Ruf nach Euthanasie mindern?«),* in: Siegwart Knijpenga u.a.: *Stilstaan bij sterven, Zes bijdragen rond een verwaarloosd thema in het euthanasiedebat (»Innehalten im Angesicht des Todes. Sechs Beiträge rund um ein vernachlässigtes Thema bei der Debatte um die Euthanasie«),* Verlag Christofoor, 1998, S. 59f.

57 Frederik van Eeden, *Pauls ontwaken (»Pauls Erwachen«),* Verlag Servire, 1983, S. 42f. Siehe auch Renée Zeylmans, *Stervensbegeleiding (»Sterbebegleitung«),* Zentrum für Soziale Gesundheitsvorsorge, 1999, S. 16

58 Stephen Levine, *Bewust leven, bewust sterven («Bewusst leben, Bewusst sterben«)*, Verlag Servire, 2006, S. 196f.

59 Renée Zeylmans, *Stervensbegeleiding, Hulp bij sterven (»Sterbebegleitung –Hilfe beim Sterben«)*, Zentrum für Soziale Gesundheitsvorsorge, Nr. 27, 1999, S. 20

60 Dieses Beispiel habe ich von Renée Zeylmans van Emmickhoven entnommen: *Kan een betere kwaliteit van terminale zorg de vraag naar euthanasie doen afnemen?(»Kann eine Steigerung der Qualität der Palliativpflege den Ruf nach Euthanasie mindern?«)*, in: Siegwart Knijpenga u.a.: *Stilstaan bij sterven, Zes bijdragen rond een verwaarloosd thema in het euthanasiedebat (»Innehalten im Angesicht des Todes. Sechs Beiträge rund um ein vernachlässigtes Thema bei der Debatte um die Euthanasie«)*, Verlag Christofoor, 1998, S. 82

61 Ebd.

62 Arie van Buuren in: *Compassie: kompas in leven en sterven. Ervaringen als professional, patiënt en nabestaande (»Empathie – Kompass im Leben und beim Sterben – Erfahrungen als Berufspfleger, Patient und Angehöriger«)*, in: Siegwart Knijpenga u.a.: *Stilstaan bij sterven, Zes bijdragen rond een verwaarloosd thema in het euthanasiedebat (»Innehalten im Angesicht des Todes. Sechs Beiträge rund um ein vernachlässigtes Thema bei der Debatte um die Euthanasie«)*, Verlag Christofoor, 1998, S. 174

63 Ebd., S. 175

64 Siegwart Knijpenga u.a., *Stilstaan bij sterven, Zes bijdragen rond een verwaarloosd thema in het euthanasiedebat (»Innehalten im Angesicht des Todes. Sechs Beiträge rund um ein vernachlässigtes Thema bei der Debatte um die Euthanasie«)*, Verlag Christofoor, 1998, S. 89f.

65 Siehe http://www.cielen.eu

66 Emil Bock, *Keizers en Apostelen (»Kaiser und Apostel«)*, Verlag Christofoor, 1997, S. 241

67 Renée Zeylmans, *Rouwverwerking en rouwbegeleiding, Sterven – rouwen – troosten (»Trauerbewältigung und Trauerbegleitung – Sterben – Trauern – Trösten«)*, Verlag Christofoor, 2000, S. 232

68 Dag Hammarskjöld, *Merkstenen (»Zeichen am Weg«)*, Verlag Gottmer, 1983, S. 21

69 A.a.O., S. 158

70 Radio Wereldomroep (»Ruf um die Welt«) mit Datum vom 11.9.2011, das dies dem Jahresbericht 2010 der fünf regionalen Kontrollkommissionen für Euthanasie entnommen hat, welchen das Ministerium für Volksgesundheit am 9.2.2011 veröffentlicht hat.

71 http://www.al-yaqeen.com

72 Rob Bruntink, *De laatste slaap (»Der letzte Schlaf«)*, Verlag Atlas, 2008 und Palliativ-Pflegeteam UZ Leuven, *Palliatieve zorg in de praktijk, zakboekje voor hulpverleners (»Palliativpflege in der Praxis, Sachbuch für Pflegepersonal«)*, Verlag Acco, 3. Auflage 2010

73 Margarete van den Brink, *Opengaande Vergezichten (»Strahlende Gesichter«)*, Verlag Ankh-Hermes, 2007, 6. Kapitel.

74 Vgl. dazu: Beat Imhof, *Wie auf Erden so im Himmel*, Grafing 2012 (Anm. d. Vlg.)

Begegnungen im Lichtreich
Hans Stolp (ISBN 978-3-89427-568-6)
Taschenbuch

Über den bleibenenden Kontakt mit jenen, die bereits in eine lichtere Welt vorausgegangen sind

In diesem Buch gehen Hans Stolp und Margarete van den Brink in überaus feinfühliger Weise darauf ein, welche Verbindung noch immer zwischen jenen besteht, die einstmals auf Erden in Liebe verbunden waren, von denen einer jedoch inzwischen durch eine geheimnisvolle Pforte gegangen ist. Sie zeigen auf, dass ein Band der Liebe die Grundlage bietet, um auch mit den Verstorbenen in einer geistigen Verbindung zu bleiben. Nichts kann für ewig getrennt werden, was eine höhere Macht einst in Liebe verbunden hat! Ein Buch, das Himmelstüren öffnet und die Botschaft von der Unsterblichkeit des Lebens verkündet!

Der Weg ins Jenseits
Hans Stolp (ISBN 978-3-89427-257-0)
Paperback

Ein Trostbuch, wenn ein geliebter Mensch in eine lichtere Welt vorausgegangen ist

Wann immer ein geliebter Mensch stirbt, ist dies für die Hinterbliebenen in den ersten Tagen ein furchtbarer Schock, wenn es unerwartet geschieht, oder ein großer Schmerz, wenn ein Partner oder Freund nach langer Krankheit seinen Körper verlässt. Hans Stolp schildert diese Situation mit großer Einfühlsamkeit und beschreibt die verschiedenen Phasen der Trauerarbeit. Mit Blick auf jene Menschen, die sich auf dem „Weg ins Jenseits“ befinden, erklärt er den Trauernden, wie sie eine innere Verbindung zu ihren Lieben auf der „anderen Seite“ aufbauen können. So kann es gelingen, mit den Weitergegangenen in Verbindung zu bleiben, bis einst eine Wiedervereinigung stattfinden wird. Ein wundervolles Trostbuch und ein überaus hilfreicher Begleiter in Sterbesituationen!

Die erlösende Kraft des Verzeihens
Hans Stolp (ISBN 978-3-89427-618-8)
Taschenbuch

Die größte Schwierigkeit, die auf dem geistigen Pfad vor den meisten Menschen liegt, ist die fehlende Bereitschaft, alte Verletzungen zu vergeben oder Menschen zu verzeihen, die einem einst geschadet haben. Es wird dabei weitgehend übersehen, dass derjenige, dem durch dieses Verhalten am meisten geschadet wird - man selbst ist! In seinem berührenden und aufrüttelnden Buch weist Hans Stolp Wege, um aus der Falle des Nicht-Verzeihen-Könnens herauszufinden. Wem es gelingt, sich alte Verletzungen oder Kränkungen wirklich bewusst zu machen und durch die Liebe zu verwandeln, wird eine neue innere Freiheit finden. Eine Freiheit, die dann eine außerordentliche Heilkraft entfaltet, um am Ende dieses Prozesses dem Leben einen neuen Menschen zu schenken. Ein wundervoller Wegbegleiter durch die Schwierigkeiten menschlicher Beziehungen und ein wahrer Führer ins LICHT.

Hans Stolp

Durch aufrichtiges Vergeben
alte Bande lösen
und wahrhaft frei werden

Wie auf Erden so im Himmel
Beat Imhof (ISBN 978-3-89427-600-3)
Hardcover, 512 Seiten

Wie das Leben als Mensch das Leben im Jenseits bestimmt

Die Vorstellungen der meisten Menschen über den „Himmel" sind seltsam kindlich. Zahllose Umfragen in großen Tages- oder Wochenzeitungen belegen, dass zwar immer noch mehr als die Hälfte der Menschen „an den Himmel glaubt", aber sich davon nur sehr verschwommene Bilder macht, die eher an ein „Schlaraffenland" als an eine geistige Welt erinnern. Dr. Beat Imhof legt mit dieser Studie das zukünftige Schlüsselwerk zur Jenseitsforschung vor! Er hat in jahrzehntelangem Studium alle greifbaren Quellen der Mystik, der Weltreligionen und der spirituellen Forschung ausgewertet, um zu einer umfassenden Beschreibung der jenseitigen Welten zu kommen. Er schildert die Ankunftssphären, die eine rückkehrende Seele unmittelbar nach dem Ableben ihrer physischen Hülle erwarten, und skizziert ihren Weg durch die Geistigen Welten. Dabei wird deutlich, wie unbestechlich das „Gesetz der Anziehung" auch in den jenseitigen Reichen gilt. Der Verstorbene wird zu jenen Sphären gezogen, die seiner geistigen Reife entsprechen. Imhof beschreibt in seinem Meisterwerk auch die jenseitigen Tierreiche, die Kinderparadiese und die dunklen Sphären, die eine schmerzhafte Läuterung bewirken können. Er behandelt ausführlich die Frage des Fortbestandes von Beziehungen über den Tod hinaus und auch die Schulung in den „Tempeln der Weisheit".Das umfassende Panorama jenseitiger Welten, das sich aus diesem großen Werk erschließt, zeigt einerseits auf, dass die unmittelbar nach dem Ablegen des Körpers folgenden Jenseitswelten durchaus noch Ähnlichkeit mit dem Erdenleben aufweisen, während andererseits die höheren himmlischen Reiche weit jenseits des normalen menschlichen Denkens liegen. Ein Meilenstein der spirituellen Forschung, der die himmlischen Welten einem tieferen Verständnis nahebringt und eine unglaublich vielfältige und wunderbare Geistige Wirklichkeit aufzeigt!

Ich halte deine Hand
Erica Meli (ISBN 978-3-89427-582-2)

Von einem geliebten Menschen Abschied nehmen

Die Schweizer Sterbebegleiterin, die durch ihr Erstlingswerk „Sterben in Achtsamkeit" einem breiten Publikum bekanntgeworden ist, geht in diesem Buch sowohl auf die seelisch-geistigen Prozesse ein, die sich bei jenen Menschen abspielen, die gerade ihre Erdenhülle verlassen, als auch auf die tiefen und bewegenden Gefühle jener, die einen geliebten Menschen in eine andere Welt gehen lassen müssen. Dieses Werk ist ein Buch, das Mut macht, das Hoffnung schenkt und das wertvolle Hilfe bietet, um jene schicksalhaften Stunden am Ende eines Menschenlebens bewusst und achtsam zu durchleben. Der Tod ist nicht das Ende, sondern nur ein neuer Anfang. Doch dieser Anfang wird leichter für den, der sich verabschiedet, wenn die geliebten Menschen, die er zurücklassen muss, um die Prozesse wissen, die sich am Ende eines Lebenstages abspielen. Ein wundervoll einfühlsames Buch zur Sterbebegleitung, das wertvolle Hilfestellung in schweren Stunden schenkt!

Sterben in Achtsamkeit
Erica Meli (ISBN 978-3-89427-512-9)
Erscheinungsdatum: 10.09.2009

Liebevolle Begleitung auf dem Weg in eine andere Welt

Jene Tage und Stunden, in denen eine Geistseele ihre physische Hülle ablegen darf, um zurückzukehren in eine höhere Welt, sind ganz besonders heilige Augenblicke. Es bedarf großer Achtsamkeit – für die sterbende Person wie für die auf Erden Zurückbleibenden – um diesem Geschehen gerecht zu werden. Erica Meli, die über viele Jahrzehnte Menschen in diesen Stunden des Abschiednehmens begleitet hat, legt mit diesem Lebenswerk ein wunderbar feinfühliges Buch vor, um jene schicksalhaften Momente wach und bewusst zu durchleben. Sie schenkt jenen einen lichtwärts führenden Ratgeber, die Abschied nehmen wollen; und vermittelt denen einen stärkenden und ermutigenden Trost, die einen geliebten Menschen weiterziehen lassen müssen.

Der Himmel ist ganz anders
Christophor Coppes (ISBN 978-3-89427-596-9)
Hardvover

Nahtod-Erfahrungen

Die Untersuchungen von Christophor Coppes fördern zwei wesentliche neue Erkenntnisse der Nahtod-Forschung ans Licht: Die unbestreitbare „dunkle Seite“ der Geistigen Welt sowie die Überschreitung des irdischen Zeit-Verständnisses. In seinen sorgfältig dokumentierten Fallstudien zeigt Dr. Coppes, dass in zahlreichen Fällen Menschen während ihrer Nahtod-Erfahrung in Sphären geraten, die frühere Zeitalter zweifelsfrei als „Hölle“ charakterisiert hätten. Sphären, in denen noch unerlöste Seelen ein deprimierendes Schicksal durchleben. Wer selbst auf Erden Egoismus, Gier und Neid verfallen ist, kann im Fall eines plötzlichen Herausgerissenwerdens aus seiner Körperhülle in jenen Ebenen ankommen. In der überwiegenden Zahl der Nahtod-Erfahrungen berichten die Betroffenen jedoch vom Eintritt in eine lichte Welt, in der völlig andere Bewusstseinsstrukturen als auf Erden herrschen. Vor allem die radikal veränderte Erfahrung von ZEIT stellt eine große Herausforderung dar. Viele Menschen sehen Geschehnisse voraus, die – nach irdischem Zeitmaß – erst Jahre später eintreffen. Zurückgekehrt in ihre irdische Hülle, stellt das für viele ein erhebliches Problem dar. Die faszinierende Dokumentation von Christophor Coppes eröffnet eine neue Epoche in der Nahtod-Forschung. Der sich allmählich vollziehende Bewusstseinswandel führt dazu, dass auch in der Nahtod-Erfahrung andere Dimensionen erlebt werden als früher – helle wie dunkle! Nach der Lektüre dieses Buches wird man ohne Zweifel feststellen: Der Himmel ist ganz anders!